Wisdom of Mindfulness 008

묻고 답하며 배우는 불교

스님, 불교가 궁금해요

Wisdom of Mindfulness 008

묻고 답하며 배우는 불교

스님,
불교가 궁금해요

담미카S. Dhammika 스님 지음
위무띠 법주 스님 편역 | 재연 스님 감수

숨

사람들은 자신이 왜, 그리고 어떻게 태어나게 되었으며, 어디로부터 왔는지 알지 못한다. 그럼에도 사람들은 줄곧 다시 태어나기를 갈망한다.

병들어 쇠약해지지만 그렇게 부서지는 이유를 알지 못한다. 그러면서도 인간은 부서져 사라질 육체를 위해 무언가를 희구한다.

죽을 수밖에 없음에도 왜 죽어야 하는지 모르는 채, 곧 끝날 인생에, 죽어 없어질 삶에 계속 기대를 건다. 인간은 슬퍼해야만 되고, 실의에 빠지고, 비탄에 잠겨야 됨에도 슬픔과 실의와 비탄에 빠져야 될 것들을 추구한다.

이 세상에 태어남으로써 어쩔 수 없이 당해야 되는 고뇌를 보면서 다시 태어나기를 바라는 것은 어리석은 일이다. 나는 이런 윤회로부터의 자유, 불생不生의 길을 찾지 않으면 안 된다. 썩을 수밖에 없는 것을 추구해서는 안 되며, 대신 부서지지 않을 것을 추구해야만 한다. 나 자신의 죽음과 소멸을 피할 수 없는 한, 죽음과 소멸을 초월한 것, 영원히 부서지지 않을 것을 찾아야 한다. 슬픔과 오욕과 속박에 빠질 수밖에 없는 인간으로서 슬픔과 오욕에 구속될 것을 추구해서는 안 되리라. 제정신을 가진 인간이라면 진정한 행복과 순수, 그리고 확실한 경지를 찾고, 완전한 해탈을 추구해야만 한다.

편역자의 말

지금부터 20년 전에 카이스트에 재직 중인 물리학과 교수님들이 나를 찾아왔습니다.

불교를 알기 위해 불교 책도 보고 스님들 법문도 들으며 노력했지만, 불교가 정말 어렵다고 하였습니다.

사람이 달에 가고, 인공위성이 하늘을 나는 21세기 과학 문명시대에 미국에서 원자물리학을 전공한 최고의 지식인들이, 2,600년 전 원시 문명시대의 사람들도 이해한 불교가 어렵다고 하는데 나는 한국불교의 현실을 잘 알고 있었기에 공감하지 않을 수 없었습니다.

한국불교는 중국을 통해 전해졌기에 중국어(한문)로 된

자료에 의존할 수밖에 없었고 그러다보니 붓다시대의 사람들도 이해했던 불교가 어렵게 되었습니다.

불교를 쉽게 알려줄 수 있는 자료를 찾다가 《스님, 불교가 궁금해요 *Good Question Good Answer*》를 만났습니다. 기쁜 마음에 연방죽선원 홈페이지에 번역해 올려두었는데 책으로 만들게 되었습니다.

싱가포르대학교 불교동아리 학생들의 질문에 담미까 스님이 대답한 것을 정리했는데, 담미까 스님이 남방불교 스님이라서, 스님의 답변이 한국불교의 시각과 다르게 느껴지는 부분도 있습니다.

한국불교의 카테고리 안에는 한국의 전통 문화와 샤머니즘이 어우러져 있기 때문일 것입니다. 한국의 전통 문화와 샤머니즘이 불교를 지탱하는 힘이기는 하지만 그것이 불교의 본질은 아닙니다.

《스님, 불교가 궁금해요 *Good Question Good Answer*》는 불교를 쉽게 이해할 수 있도록 도와주는 길잡이가 될 것입니다. 눈길 가는 대로 읽다 보면 땅콩 껍질 속 땅콩 같은 고소함이 있습니다.

책에 인용된 경전 구절들은 재연 스님의 번역을 사용했습니다. 사용을 허락해주신 재연 스님께 감사드립니다.

2020년 8월 연방죽선원 해은사에서

위무띠 법주

서문

18년 전 싱가포르에 있는 불교사원에서 있을 때 싱가포르대학교 불교동아리 학생들이 나를 찾아왔습니다.

학생들이 말하기를, 불교에 관심 있는 사람들이 불교에 대해 자주 묻는 질문들이 있는데 자신들은 이해가 부족해서 그런 질문에 대답하기 힘들다고 했습니다.

나는 그 질문들의 내용을 보고 충격을 받았습니다.

좋은 환경에서 훌륭한 교육을 받고 있는 학생들이 자신의 종교인 불교에 대해 제대로 설명하지 못하고 있으니 말입니다.

그래서 학생들의 물음에 내가 자주 받던 질문을 더하여

이 책 ≪스님, 불교가 궁금해요 *Good Question Good Answer*≫
를 펴내게 되었습니다.

그런데 싱가포르대학교 불교동아리 학생들을 위해 만든
이 책이 생각과 달리 세계의 많은 사람들에게 읽혔습니다.
영어판은 15만 부를 넘어섰고 미국, 말레이시아, 인도 등
지에서는 여러 차례 재판되었습니다.

14개국의 언어로 번역되었고 최근에는 인도네시아어와
스페인어로도 번역되었습니다.

4번째 판본에서는 새로운 질문을 추가하였고 붓다의 말
씀을 담은 장을 더했습니다.

이 작은 책이 붓다의 가르침(佛法, dhamma)에 대한 관심
을 계속하여 불러일으키기를 바랍니다.

붓다의 가르침이 세상에 오랫동안 남아있기를….

2005년 싱가포르에서

담미카 S. Dhammika 스님

목차

CHAPTER 1

불교 Buddhism 는 무엇입니까?

불교란 무엇입니까?

불교Buddhism라는 이름은 budhi, 즉 '깨어나다'라는 단어에서 왔습니다.

그러므로 불교는 깨어남의 철학입니다.

이 철학은 35세에 스스로 깨달아 '붓다'라고 불린 고타마 싯다르타Gotama Siddhārtha의 경험으로부터 기원한 것으로, 2,500년의 역사를 가지고 있으며, 현재 전세계적으로 5억여 명의 사람들이 이 가르침을 따르고 있습니다.

100여 년 전까지만 해도 불교는 주로 아시아에만 알려진 철학이었지만, 유럽이나 미국 등지에서도 점점 불교인의 수가 늘어나고 있습니다.

그렇다면 불교는 그저 철학에 불과합니까?

철학Philosophy이라는 말은 '사랑'이라는 뜻의 philo와 '지혜'라는 의미의 sophia가 결합된 것입니다.

즉 철학이란 지혜에 대한 사랑 혹은 사랑과 지혜를 의미하며, 이 둘은 모두 불교를 완벽하게 묘사하는 표현입니다.

불교는 우리의 지적 능력을 최대한 개발해 이치를 명료하게 이해하는 것을 추구합니다.

그리고 우리들에게 모든 존재와 진실한 친구가 될 수 있도록 사랑과 친절을 개발하도록 가르칩니다.

그러므로 불교는 철학이기도 하지만 그저 철학이기만 한 것은 아닙니다.

불교는 궁극의 철학입니다.

붓다는 누구입니까?

기원전 563년, 인도 북부의 왕가에서 한 아기가 태어
났습니다. 이름은 고타마 싯다르타로, 부유하고 화려
한 환경에서 왕자로 자라났지만, 편안하고 안정된 환
경이 행복을 보장해주지는 못한다는 것을 깨닫게 됩
니다.

그는 어느 날 늙음과 병듦과 죽음으로 인해 고통받는
사람들을 보고 크게 영향을 받아, 스스로 '인간을 진정
한 행복으로 이끄는 열쇠는 무엇인가'를 찾아보기로
결심했습니다.

그리하여, 그는 29살이 되던 해 아내와 아들을 떠나 당
대의 위대한 종교 지도자들을 찾아가 배움을 청했습
니다.

그들은 많은 것을 가르쳐주었지만, 인간이 겪는 고통
의 원인이 무엇인지, 그것을 어떻게 극복할 수 있는지
에 대해서는 해답을 주지 못했습니다.

그는 스승들을 떠났고, 부다가야의 보리수나무 아래

에서 홀로 수행한 끝에 깨달음을 얻었습니다. 그날 이후로 그는 붓다Buddhā, 즉 깨달은 자라고 불리고 있습니다.

이후 45년간 그는 북인도 전역을 돌아다니며 자신이 깨달은 것을 전하였습니다.

그의 헌신과 인내는 매우 이례적인 것이었으며, 수많은 추종자들이 생겼습니다.

80세가 된 그는 늙고 병들었지만, 행복하고 평화로운 죽음을 맞이했습니다.

스승이시여! 세존이시여! 저를 위해 법을 설해 주소서.
존귀하신 이여! 저에게 영원한 이로움과 안락함을
가져다주는 법을 설해 주소서.

붓다가 아내와 어린 아들을 떠났다면, 너무 무책임한 게 아닙니까?

붓다가 가족들을 떠난 것은 쉬운 선택이 아니었습니다.
그는 가족들을 떠나기까지 숱하게 염려하고 망설였습니다.
그러나 자신의 삶을 가족과 나라를 위해 바칠 것인지, 아니면 자신과 세상을 위해 바칠 것인지를 선택해야만 했습니다.
결국 자신과 세상을 위해 자신을 바치기로 헌신의 결단을 내렸고, 덕분에 전 세계는 그의 희생으로부터 많은 것을 얻고 있습니다.
이것은 무책임한 것이 아닙니다.
아마도 이제까지 없었던 가장 놀랍고 큰 희생일 것입니다.

붓다는 이미 죽었는데 어떻게 우리를 도울 수 있습니까?

전기를 발견한 패러데이Faraday는 죽었지만, 지금도 우리를 돕고 있습니다.

수많은 질병의 치료법을 개발한 루이 파스퇴르Louis Pasteur도 죽었지만, 그가 발견한 것은 많은 생명을 구하고 있습니다.

위대한 예술가 레오나르도 다빈치Leonardo da Vinci 역시 죽었지만, 그의 작품들은 여전히 기쁨을 선사하고 있습니다.

이미 수세기 전에 살았던 위대한 사람과 영웅들의 용기와 업적은 현대를 사는 우리들에게 영향을 주고 자극을 줍니다. 그렇습니다. 붓다께서는 2,500년 전에 열반에 들었습니다.

하지만 붓다의 가르침은 많은 사람들을 돕고 있고, 지금도 우리들에게 영향을 주고 있으며, 수많은 사람들을 감화시키며 변화시키고 있습니다.

즐거움이나 괴로움을 느낀다는 것은 집착하기 때문이다.
집착하지 않을진대 무엇 때문에 즐거움과 괴로움을 느끼는
일이 일어나겠는가?

그렇다면 붓다는 신입니까?

그는 신이 아닙니다. 자신이 신이라고 선언하지도 않
았고, 신의 자식이라거나 심지어 신의 사자messenger라
고도 주장하지 않았습니다.
그는 자신을 깨달은 자, 붓다Buddhā라고 했습니다.
우리가 그의 선례를 따른다면 우리 역시 붓다가 될 수
있다고 가르쳤습니다.

붓다가 신이 아니라면, 왜 사람들이 불상에
절을 하며 그를 숭배합니까?

숭배에는 여러 가지 유형이 있습니다. 신을 믿는 사람
들은 자신들의 신을 칭송하고 영광을 돌리며 무언가
를 바치며 소원을 들어달라고 빕니다.
자신들의 기도를 신이 들어주고, 바친 재물을 받으며,
그들의 기도에 신이 응답한다고 믿으면서 말입니다.
불교는 이런 종류의 숭배와는 상관이 없습니다.

숭배의 또 다른 유형이 있다면, 누군가 존경하는 사람에게 그 마음을 표현하는 것입니다.

우리가 있는 곳에 선생님이 들어오면 자리에서 일어납니다.

또한 존경하는 사람과 악수를 하거나, 국가가 울려 퍼질 때 경례를 합니다.

이런 제스처들은 모두 특정한 사람이나 사물에 대한 존경과 인정, 존중의 표시입니다.

불교인들이 하는 숭배란 바로 이런 경우입니다.

무릎 위에 가지런히 손을 모은 불상이나 불상의 자애로운 미소는 모두 우리 내면에 있는 평화와 사랑을 불러일으키는 상징입니다.

향을 피워 나는 향내는 미덕이 은은하게 퍼져나가는 것을 상징하며, 촛불은 지혜를, 꽃이 시들어 가듯이 누구나 늙고 죽어가므로 영원하지 않다는 무상無常을 의미합니다.

불상에 절을 할 때 우리는 붓다의 가르침에 예의를 표함으로써 우리 자신의 내면에 잠재해 있는 아름다운 마음을 밖으로 드러냅니다.

이것이 불교인들의 숭배입니다.

하지만, 나는 불교인들이 우상을 숭배한다고
들었습니다.

그런 말은 사람들의 오해에서 비롯된 선입견에 불과
합니다.

'우상'의 사전적인 정의를 보면 '신으로 숭배 받는 이
미지나 형상'이라고 되어 있습니다.

이미 말씀드렸듯이 불교인들은 붓다를 신이라고 믿지
않습니다.

그러니 나무토막이나 쇳덩이로 만든 불상을 신이라고
숭배할 수 있겠습니까?

물론 모든 종교는 여러 가지 개념을 표현하기 위해 상
징을 사용하고 있습니다.

도교에서 음양陰陽이란 상호 반대되는 것들이 빚어내
는 조화를 상징합니다.

시크교에서 칼은 영적인 고난을 의미하지요. 기독교에서 물고기는 그리스도의 현존現存을, 십자가는 그분의 희생을 상징하고 있지 않습니까?

불교도 마찬가지입니다.

불상은 인간적인 완성을 상징하며, 보는 이들로 하여금 붓다와 붓다의 가르침을 떠올리게 합니다.

신 위주가 아니라 인간 중심적이고, 진리를 이해하고 지혜의 완성을 추구하기 위해서는 바깥이 아니라 내면을 들여다보아야 한다는 불교의 가르침들 말입니다.

그렇게 때문에 불교인들이 우상을 섬긴다는 말은 옳지 않습니다.

탐욕과 분노는 바로 탐욕과 분노에 찬 그 자신에게서
생긴 것이다. 좋은 것과 싫은 것, 두려움 역시 그 자신에게
서 생겼다. 철부지 아이들이 까마귀를 괴롭히듯 자신의
마음을 괴롭히는 불신 역시 자신에게서 비롯된 것이다.

그럼 불교인들은 왜 절에서 여러 가지 이상한 의식을 행하고 있습니까?

불교를 바르게 이해하지 못하기 때문에 그런 의식들을 이상하다고 느끼는 것입니다.

불교 의식들을 이상하다고 성급하게 치부하기보다는 그것이 무엇을 의미하는지 이해하고자 해야 합니다.

불교 의식 중에 어떤 것은 분명 붓다의 가르침에 위배됩니다.

이는 불교에 대한 잘못된 이해와 불교가 전해지는 과정에서 각 나라의 전통적인 샤머니즘에서 비롯된 것입니다.

그런데 이런 부분은 불교뿐만 아니라 지구상의 모든 종교에 모두 있습니다.

붓다는 아주 분명하고 자세하게 가르침을 주었습니다만 이를 완전히 이해하지 못한 사람이 있다고 해서 그것을 붓다에게 잘못을 돌릴 수는 없습니다.

우리는 온갖 문제를 안고 살아갑니다. 붓다는 그 문제

의 발생원인을 바로 알고 그 원인을 제거할 방법을 제 시합니다.

> 의사가 가까이 있는데도 치료 받기를 거부한다면 그 것은 의사의 잘못이 아닙니다.
> 마찬가지로 세속의 번뇌로 고통 받고 있는데 붓다의 가르침을 따라 구하지 않는다면 그것은 붓다의 잘못 이 아닙니다.
>
> 《본생담 주석서》, 28-29

불교뿐만 아니라 그 어떤 종교든 맹목적으로 받아들 여서 가볍게 판단해서는 안 됩니다.
만일 당신이 붓다의 가르침에 대해 바로 알고 싶다면 먼저 학술적으로 검증된 붓다의 전기를 읽고 불교에 대해 해박한 지식을 가진 스님들께 물으십시오.

불교가 그렇게 훌륭한 종교라면 불교국가들은 왜 가난한 것입니까?

'가난'이 '경제적인 가난'을 의미한다면, 불교국가들이 가난하다는 말은 사실입니다.

그러나 '가난'을 '삶의 질quality of life'과 정신적인 면에서 본다면 불교국가들이 풍요롭고 부유하다고 할 수 있습니다.

미국을 봅시다.

기독교 국가인 미국은 경제적으로 풍요롭고 또 막강한 힘을 가지고 있습니다.

그러나 범죄율은 세계에서 가장 높습니다.

수백만의 노인이 자녀에게 버림받고 요양소에서 쓸쓸하게 죽어가고 있습니다.

폭력과 아동 학대는 아주 심각한 문제가 되었습니다.

결혼한 부부 세 쌍 중 한 쌍이 이혼하며 포르노그래피와 매춘과 같은 향락산업이 주요 산업이 되었습니다.

돈으로는 부자지만 삶의 질, 정신적 측면에서는 아주

빈곤합니다.

이에 비해 전통적인 불교 국가들을 보면, 어떤 나라는 경제적으로 분명 후진국에 속하지만 부모는 자녀들에게 존경받고, 범죄율은 낮습니다.

이혼과 자살도 흔하지 않습니다.

폭력과 아동 학대, 포르노그래피 같은 것은 미국에 비할 바가 아니고 먼 나라 이야깁니다.

경제적으로 후진국이지만 '삶의 질quality of life'이라는 정신적인 면에서는 미국보다 더 훌륭합니다.

세계에서 가장 가난한 나라이며 불교국가인 미얀마의 기부수치가 세계 1위라는 것을 알고 계시는지요?

그리고 경제적으로 부유한 국가인 일본은 국민들의 상당수가 불교인입니다.

그는 윤회를 끊었다. 탐욕이 없는 곳으로 갔다.

가뭄에 탄 강은 흐르지 않는다. 끊어진 윤회는 계속 되풀이
되지 않는다. 이것이 바로 괴로움의 끝이다.

불교인들이 자선사업을 하는 게 그리 흔치 않은데 이유는 무엇입니까?

그것은 불교인들은 자신이 선행을 하고도 이것을 크게 광고하지 않기 때문일 것입니다.

불교는 그렇게 가르칩니다. 일본의 불교 지도자 니코니와노Nikkho Niwano는 종교 간 화해에 크게 기여한 공로로 템플튼Templeton 상을 받았습니다.

태국의 스님은 마약 중독자들을 돕기 위한 노력을 인정받아 막사이사이Magsaysay 상을 받았습니다.

또 다른 태국 스님 칸타야피왓Kantayapiwat은 농촌의 집 없는 아이들을 위해 베풀었던 선행으로 1987년에 노르웨이에서 어린이 평화상을 수상했습니다.

인도에서 가난한 사람들을 위해 서양의 불교단체가 벌이고 있는 굵직한 사회사업들은 또 어떻습니까?

그들은 학교와 어린이를 위한 안식처, 보건소를 비롯해 자급자족을 위한 소규모의 공장을 세웠습니다.

불교인들도 다른 종교인들과 마찬가지로 종교적 실천

의 한 표현으로서 도움이 필요한 사람을 돕습니다.

다른 점이 있다면 그런 선행은 자랑하지 않고 조용히 하고 있다는 점입니다.

그래서 불교인들이 자선사업을 한다는 이야기를 공공연히 듣지 못하는 것입니다.

불교에는 여러 종파가 있는데 그 이유는 무엇입니까?

설탕을 예로 들어 보겠습니다. 설탕에는 흑설탕, 백설탕, 각설탕, 시럽 등 여러 가지 종류가 있습니다만, 모두 단맛이 납니다.

용도에 따라 형태가 다르게 생산되었을 뿐입니다.

불교도 같습니다.

남방Theravada불교, 북방불교, 선Zen불교, 정토Pure Land불교, 유식Yogacara불교, 밀교Vajrayana 등 다양하지만, 이들 모두가 불교이며, 자유라는 똑같은 맛을 냅니다. 붓다는 이렇게 말했습니다. "나의 가르침에는 오직 하나의 맛이 있을 뿐이다. 그것은 자유의 맛이다."라고 말입니다.

불교는 다양한 문화권에 퍼지면서 그 문화에 맞게 적응해 왔습니다. 수세기에 걸쳐 재해석되며 새로운 세대에게 맞게 변용되었습니다.

겉으로는 불교의 종파마다 서로 다르게 보이겠지만 모든 종파의 중심에는 '네 가지 고귀한 진실(사성제 四聖諦)'와 '고귀한 여덟 겹의 길(팔정도八正道)'이라는 가르침이 있습니다.

불교만이 아니라 불교를 포함해서 지구상의 거대 종교들은 모두 여러 학파와 종파로 나뉘어져 왔습니다.

그런데 불교의 경우, 종파가 다르다고 해서 전쟁을 일으킨 적은 없었습니다.

모든 종파에 구애받지 않고 서로의 사원에 드나들고 함께 예불을 드리는 것은 불교뿐입니다.

이런 관용과 상호 이해는 흔히 볼 수 있는 게 아닙니다.

불교는 인도에서 시작했지만 인도에서 불교는 소멸했다고 볼 수 있습니다. 그 이유는 무엇일까요?

불교가 인도에서 거대 종교로 자리 잡았으나 점차 쇠락의 길을 걸어 마침내는 사라지고 말았습니다.

이는 기독교가 팔레스타인 지방에서 일어났음에도 결국은 그곳에서 사라질 운명에 처했던 것과 같다고 생각되는데 누구도 그 원인을 명쾌하게 설명하진 못합니다.

아마도 정치적·사회적인 변화가 전쟁과 침략으로 연결되면서 불교처럼 불살생을 강조하는 온화하고 평화적인 종교가 더 이상 살아남기 어려워진 것이 아닌가 짐작할 뿐입니다.

대신 불교는 중국과 태국을 거쳐 아시아 여러 나라로 전해졌습니다.

스스로 부끄러이 여기는 마음과 남에게 부끄러이 여기는
마음을 항상 바르게 지니고 있다면 그들은 청정한 생활을
이어가는 사람이며 미혹한 재생再生을 멸한 사람이다.

불교를 그 어떤 것보다 최고의 종교로 보는 것 같습니다. 그렇다면 불교는 옳고 다른 모든 종교는 그르다고 생각하십니까?

붓다의 가르침을 바르게 이해하는 불교인들이라면 다른 종교는 잘못되었다고 생각하지 않습니다.

열린 마음으로 타 종교를 이해하려는 순수한 노력을 기울여본 사람이라면 그런 식으로 생각하지 않습니다.

누구든 서로 다른 종교를 공부할 때 맨 처음 주목하는 사실은 바로 '그들 사이에 공통점이 얼마나 있는가' 하는 것입니다.

모든 종교는 인류의 현 상태가 만족스럽지 못하다는 것을 인정합니다.

현재 인간의 상태를 개선시키기 위해서는 태도와 행위의 변화가 필요하다는 점에 동의하고 있습니다.

실제 모든 종교가 사랑, 친절, 인내, 관용, 사회적 책임 등의 윤리를 가르칩니다.

그리고 어떤 형태의 절대적인 존재를 인정하고 받아

들입니다.

브라만, 알라, 야훼 등 절대자를 표현하는 언어가 다르고 이름이 다르고 상징이 다를 뿐입니다.

그러나 닫힌 마음으로 자신의 방식과 진리만을 고집하다 보면 종교적인 만용과 편견, 자신만이 옳다는 그릇된 오만을 갖게 됩니다.

영국인, 프랑스인, 중국인, 일본인, 인도네시아인이 컵을 보고 있다고 합시다.

영국인은 컵을 가리켜 '컵cup'이라고 부를 것입니다.

프랑스인은 '따스tasse'라고 할 것입니다.

중국인도 가만있지 않겠죠. 둘 다 틀렸다면서 '베이杯'라고 할 겁니다.

일본인은 '곱보カップ'라고 합니다.

그러면 인도네시아인이 나머지 사람들을 보고 웃으면서 말합니다.

"여러분은 정말 바보로군요. 이것은 '까완cawan'이라고 부릅니다."라고 말입니다.

영국인은 사전을 펼쳐놓고 "사전에 '컵cup'이라고 나왔

으니 이것은 컵^{cup}이예요." 하고 반박합니다.

프랑스인은 질세라 "당신의 사전이 틀렸소. 내 사전에
는 분명히 '따스^{tasse}'라고 쓰여 있소."라고 주장합니다.

그때 중국인이 두 사람을 비웃으며 말합니다. "내 사전
은 당신들의 사전보다 수천 년 전에 만들어진 것이오.
그러니 내 사전이 맞소. 그리고 그 어떤 언어보다 중국
어를 하는 사람의 수가 많으니 이것은 '베이杯'라고 이
라고 부르는 게 맞습니다."

이렇게 다섯 사람이 서로 자기 말이 맞다 주장하며 싸
울 때, 한 불교인이 다가와서 컵으로 물을 마십니다.

다 마시고 난 다음, 불교인은 사람들에게 이렇게 말합
니다.

"이것을 '컵^{cup}'이나 '따스^{tasse}', '베이杯' '곱보カップ' 또
는 '카완^{cawan}' 등 뭐라 부르든 이것은 이렇게 물을 마
시라고 만들어진 것입니다. 그러니 말싸움을 멈추고
물을 마시고, 갈증을 푸십시오."

이것이 다른 종교에 대한 불교인의 태도입니다.

불교는 힌두교가 변형된 것에 불과하다는 책을 읽은 적이 있습니다. 어떻게 생각하십니까?

불교에 대해서 잘 모르는 사람들이 그렇게 이야기하는 것을 알고 있습니다.

하지만 경전을 보면 힌두교 사제들인 바라문Brahmin이 붓다와 정반대에 있다는 것을 알 수 있습니다.

왜냐하면 붓다는 힌두교의 카스트, 계급제도와 희생제물에 대해 비판하고 또 신의 존재를 부인하며 베다veda와 힌두경전의 권위를 부정하기 때문입니다.

불교와 힌두교는 공통점이 있어 보이지만 서로 확연히 다른 종교입니다.

불교는 과학적입니까?

대답을 하기 전에, 먼저 '과학'에 대해 정의를 내려보는 것이 좋을 것 같습니다.

사전에서 설명하는 과학은 이렇습니다.

"과학이란 체계적으로 이루어진 지식으로써 사실들을 관찰하고 테스트해서 보편적인 자연법칙으로 밝혀놓은 것이며, 객관적으로 연구될 수 있는 것"이라고 되어 있습니다.

이런 정의에서 보면 불교는 '과학'입니다.

불교의 중심적인 가르침인 고 · 집 · 멸 · 도, 사성제, 네 가지 고귀한 진실은 '과학'이라고 할 수 있습니다.

사성제의 첫 번째 고귀한 진실인 고통(dukkha, 苦)은 정의할 수 있고, 인간이 경험하고 측정할 수 있는 실질적인 체험입니다.

두 번째 고귀한 진실은 고통에는 갈망이라는 원인이 있다는 것으로, 이 역시 정의할 수 있고, 인간이 경험하고 측정할 수 있는 것입니다.

인간은 결코 그 신분에 의해서 비천해지거나 고귀해지지는 않는다. 인간을 비천하거나 고귀하게 만드는 것은 신분이 아니라 그 자신의 행위다.

고통을 설명하기 위해 형이상학적인 개념이나 신화까지 동원할 필요는 없습니다.

세 번째 고귀한 진실은 초월적인 존재인 신에 의존하거나, 기도나 구원에 의해서가 아니라 고통의 원인을 제거함으로써 고통을 소멸시킬 수 있다는 것입니다. 아주 분명하지 않습니까?

네 번째 고귀한 진실은 고통의 소멸에 이르는 길로써 이 역시 형이상학적 개념과는 전혀 상관이 없으며, 팔정도八正道라는 특정한 방식의 길을 제시합니다.

인간의 행위는 객관적인 측정이 가능합니다. 불교는 '과학'처럼 어떤 초월적 존재라는 개념 없이도 성립 가능합니다. 그리고 이 우주의 기원과 작용에 대해서 자연법칙의 용어로 설명하고 있습니다. 이 모든 것은 분명 과학의 정신을 보여주고 있습니다.

붓다는 맹목적으로 믿지 말고, 질문하고 조사하고 검토하고 자신의 경험에 비추어보라고 끊임없이 충고하고 있습니다. 불교는 과학적입니다.

붓다는 이렇게 말하고 있습니다.

풍문이나 예언 관습이나 소문뿐만 아니라 어떤 종교적인 경전의 내용에도 이끌리지 말라.

오랫동안 전해온 지식이라고 해서, 논리적이라고 해서, 다른 사람의 그럴듯한 능력이나 곰곰이 궁리해낸 견해이기에 그것에 대해 갖는 편견에 의해, 혹은 '그분은 우리의 스승이다'라는 생각에도 이끌리지 말라.

너희들 스스로가 그것이 좋은 것이고, 비난받지 않을 것이고, 현자에게 칭찬받을 일이고, 그것을 실천하면 행복에 이른다는 것을 알았을 때, 그 길을 따르라.

《증지부》1, 〈깔라마경〉

불교가 전적으로 '과학'적인 것은 아니다 해도 다른 그 어떤 종교보다도 더 과학적이며 과학적인 공명이 있다는 것만은 분명합니다.

20세기의 위대한 과학자인 아인슈타인은 불교에 대해서 이렇게 언급했습니다.

미래의 종교는 우주적인 종교일 것이다. 인격적인 신이라는 개념을 초월하고 어떤 이론이나 신학을 배제

시킨 것이어야 한다.

자연적인, 영적인 세계 모두를 망라하면서, 자연적이고 영적인 존재는 물론 의미 있는 모든 존재의 체험으로부터 샘솟는 종교적인 감수성에 바탕을 둔 그런 종교여야 한다.

불교는 이런 조건을 모두 만족시킨다.

현대 과학의 요구에 두루 들어맞는 종교가 있다면 그건 불교일 것이다.

지금은 아무리 고달프더라도 사람으로서 지고 가야 할 짐을
묵묵히 지고 가라.
그러면 마침내 기쁘고 넉넉한 결과가 있을 것이다.

〈깔라마경Kālāma-sutta〉

이와 같이 나는 들었다. 한때 세존께서 꼬살라에 유행하시다가 많은 비구 무리와 함께 께사뿟따라는 깔라마 사람들의 성읍에 도착하셨다. 께사뿟따에 사는 깔라마인들은 들었다. '사꺄의 후예인 출가 사문 고따마가 께사뿟따에 도착하셨다. 그분께는 늘 좋은 평판이 따른다. '그분은 아라한(應供)이시며, 온전히 깨달은 분(正等覺), 지혜와 실천을 구족하신 분(明行足), 피안으로 잘 가신 분(善逝), 세간을 잘 아시는 분(世間解), 가장 높은 분(無上士), 사람을 잘 길들이는 분(調御丈夫), 인천의 스승(天人師), 깨달은 분(佛), 세존世尊이시다'라고. 그분은 신과 마라, 범천, 사문과 바라문, 신과 인간을 포함한 이 세상에 스스로 위없는 깨달음을 실현해 보이시며, 그 법을 설하신다. 그분께서는 시작도 훌륭하고 중간도 끝도 훌륭하며, 뜻과 어법을 구족한 진리를 설하시며 더할 나위 없이 완벽하고 청정한 범행을 설하신다. 그러한 아라한을 뵙는 것은 실로 경사스런 일이다'라고.

그들은 세존께 다가가 어떤 이는 절을 올리기도 하고, 혹자는 수인사를 나누고 한 곁에 앉았다. 어떤 사람들은 세존께 합장하여 인사드리거나 이름과 성을 고하기도 하고, 어떤 사람들은 그저 묵묵히 한쪽에 앉았다. 이렇게 자리에 앉은 께사뿟따의 깔라마 사람들이 세존께 말씀드렸다.

"세존이시여, 여러 사문과 바라문들이 이곳에 옵니다. 그들은 제각각 자기의 주장을 치켜세워 설명하면서 다른 사람의 주장을 매도하고 욕하고 깎아내리며 경멸합니다. 또 다른 사문과 바라문들이 여기에 오고, 같은 일이 거듭됩니다. 세존이시여, 우리는 이런 사문들 가운데 누가 진실을 얘기하고 누가 거짓을 말하는지 미덥지 못하고 의심하게 됩니다."

"깔라마인들이여, 그들이 미덥지 못하고 의심스러운 것은 당연한 일입니다. 미덥지 못한 곳에 의심이 일어납니다. 깔라마인들이여, 소문으로 듣고, 전통의 권위로, 남들이 그렇다고 하니까, 경전에 그렇게 있다고 해서, 논리적이어서, 추론에 따라, 원인을 숙고해서, 사견도 용인한다고 해서, 그럴 법하니까, 혹은 스승님 말씀이어서 진실이라고 받아들여서는 안 됩니다. 스스로 헤아려 '어떤 일이 서로에게 해로운 것이고, 비난받아 마땅하고, 현자들로부터 힐난을 당할 것이며, 그런 일을 받들어 행하면 손해와 고통이 따른다'

고 알면 곧 바로 그것들을 버리도록 하십시오."

"깔라마인들이여, 어떻게 생각합니까? 마음속에 탐욕(lobha)이 일어나면 그것은 그에게 이익이 되겠습니까, 아니면 손해가 되겠습니까?"

"손해가 됩니다, 세존이시여."

"탐욕스런 사람은 탐욕에 짓눌리고 사로잡혀 생명을 해치고, 주지 않은 것을 취하고, 남의 아내를 탐하며, 거짓말을 하게 됩니다. 또한 다른 사람에게도 그렇게 하도록 이끕니다. 그것은 그들에게 오랫동안 손해와 괴로움이 되지 않겠습니까?"

"그렇습니다, 세존이시여."

"깔라마인들이여, 어떻게 생각합니까? 마음속에 성냄(dosa)이 일어나면 그것은 그에게 이익이 되겠습니까, 손해가 되겠습니까?"

"손해가 됩니다, 세존이시여."

"깔라마인들이여, 포악한 사람은 성냄에 짓눌리고 사로잡혀 생명을 해치고, 주지 않은 것을 취하고, 남의 아내를 탐하며, 거짓말을 하게 됩니다. 또한 다른 사람에게도 그렇게 하도록 이끕니다. 그것은 그들에게 오랫동안 손해와 괴로움이 되지 않겠습니까?"

"그렇습니다, 세존이시여."

"깔라마인들이여, 어떻게 생각합니까? 마음속에 어리석음 (moha)이 일어나면 그것은 그에게 이익이 되겠습니까, 손해가 되겠습니까?"

"손해가 됩니다, 세존이시여."

"깔라마인들이여, 우둔한 사람은 어리석음에 짓눌리고 사로 잡혀 생명을 해치고, 주지 않은 것을 취하고, 남의 아내를 탐하며, 거짓말을 하게 됩니다. 또한 다른 사람에게도 그렇게 하도록 이끕니다. 그것은 그들에게 오랫동안 손해와 괴로움이 되지 않겠습니까?"

"그렇습니다, 세존이시여."

"깔라마인들이여, 이를 어떻게 생각합니까? 이러한 일들은 유익한 것입니까 해로운 것입니까?"

"해로운 것입니다, 세존이시여."

"현명한 이의 꾸중을 들을 일이며, 손실과 슬픔을 가져오지 않겠습니까?"

"그렇습니다, 세존이시여."

"이런 연고로, 깔라마인들이여, 소문으로 듣고, 전통이라고 해서, 남들이 그렇다고 해서, 경전에 그렇게 있다고 해서, 논리적이라 해서, 추론에 의해서, 원인을 숙고해서, 사견도 용인한다고 해서, 그럴 법하다 해서, 혹은 우리 스승님 말씀이기 때문에 진실이라고 받아들여서는 안 됩니다.

깔라마인들이여, 오히려 그대들 스스로 '이러한 법들은 해로운 것이고, 비난받아 마땅하고, 현자들로부터 힐난을 당할 것이며, 이러한 법들을 받들어 행하면 손해와 괴로움이 따른다'라고 알면 곧 바로 그것들을 버리라고 말한 것입니다.

깔라마인들이여, 이를 어떻게 생각합니까? 마음속으로 탐욕이 일지 않으면 그에게 이익이 되겠습니까, 손해가 되겠습니까?"

"이익이 됩니다, 세존이시여."

"깔라마인들이여, 욕심 없는 사람은 탐욕에 짓눌리거나 사로잡히지 않아 생명을 해치지 않고, 주지 않은 것을 취하지 않고, 남의 아내를 탐하지 않으며 거짓말을 하지 않게 됩니다. 또한 다른 사람에게도 그렇게 하도록 권합니다. 그러면 이것은 오래오래 그에게 이익과 행복이 되지 않겠습니까?"

"그렇습니다, 세존이시여."

"깔라마인들이여, 이를 어떻게 생각합니까? 마음속으로 분노가 일지 않으면 그에게 이익이 되겠습니까, 손해가 되겠습니까?"

"이익이 됩니다, 세존이시여."

"깔라마인들이여, 성내지 않는 사람은 성냄에 짓눌리거나 사로잡히지 않아 생명을 해치지 않고, 주지 않은 것을 취하지 않고, 남의 아내를 탐하지 않으며, 거짓말을 하지 않게 됩니다. 또한 다른 사람에게도 그렇게 하도록 권합니다. 그러면 이것은 오래오래 그에게 이익과 행복이 되지 않겠습니까?"

"그렇습니다, 세존이시여."

"깔라마인들이여, 이를 어떻게 생각합니까? 마음속으로 어리석음이 없으면 그것은 그에게 이익이 되겠습니까, 손해가 되겠습니까?"

"이익이 됩니다, 세존이시여."

"깔라마인들이여, 슬기로운 사람은 어리석음에 짓눌리거나 사로잡히지 않아 생명을 해치지 않고, 주지 않은 것을 갖지 않고, 남의 아내를 탐하지 않고, 거짓말을 하지 않게 됩니다. 또한 다른 사람에게도 그렇게 하도록 권합니다. 그러면 이것은 오래오래 그에게 이익과 행복이 되지 않겠습니까?"

"그렇습니다, 세존이시여."

"깔라마인들이여, 이를 어떻게 생각합니까? 이러한 법들은 유익한 것입니까, 해로운 것입니까?"

"유익한 것입니다, 세존이시여."

"비난받을 일입니까?"

"비난받을 일이 아니라 오히려 칭찬받을 일입니다, 세존이시여."

"전적으로 받들어 행하면 이익이 있고 행복하게 되지 않겠습니까?"

"세존이시여, 전적으로 받들어 행하면 이익이 있고 행복하게 됩니다."

"깔라마인들이여, 스스로 '이러한 법들은 유익한 것이고, 비난받을 일도, 현자들로부터 힐난을 당할 일이 없으니 이러한 법들을 전적으로 받들어 행하면 이익과 행복이 있게 된다'고 알게 되면, 그것들을 수지하여 머무르라고 말한 것입니다."

"깔라마인들이여, 성스러운 제자는 이와 같이 탐욕도 악의도 없고, 미혹됨이 없이 바로 알고(sampajāna) 유념합니다(patissata). 그는 자애(mettā, 慈)의 마음으로… 연민(karuṇā, 悲)의 마음으로… 더불어 기뻐하는(muditā, 喜) 마음으로… 평온(upekhā, 捨)의 마음으로 한 방향을 가득 채우면서 머뭅니다. 그처럼 두 번째 방향을, 그처럼 세 번째 방향을, 그처럼 네 번째 방향을, 이와 같이 위로, 아래로, 주위로, 모든 곳에서 모두를 자신처럼 여기고, 모든 세상을 풍만하고, 광대하고, 무량하고, 원한 없고, 악의 없는 평온이 함께한 마음으로 가득 채우고 머뭅니다.

깔라마인들이여, 성스러운 제자는 이와 같이 마음에 원한도 악의도 없으며, 물들지 않은 마음 청정하여 금생에 네 가지 위안을 얻습니다."

"만약 다음 세상이 있고, 선행과 악행의 업보가 있다면 '내 이 몸 부서져 죽은 뒤 좋은 곳, 천상에 태어날 것이다'라고 생각할 것이니 이것이 그가 얻는 첫 번째 위안입니다.

만약 다음 세상이 없고 선행과 악행의 과보가 없다고 하더라도 '내 금생에 원한도 악의도 없고 괴로움도 없이 행복하게 살았다'고 생각하니 이것이 두 번째 위안입니다.

만약 어떤 불선업이 있었다 하더라도 '다른 이를 교사하여 악행을 저지르게 하거나 의도적으로 저지른 일은 아니니 큰 고통을 당할 일은 아니다'라고 생각하니 이것이 세 번째 위안입니다.

마지막으로 '부주의로 인하여 혹은 의도적으로 악업을 지은 바 없으니 양면으로 청정하다'라고 생각할 것이니 이것이 네 번째 위안입니다.

깔라마인들이여, 성스러운 제자는 이와 같이 마음속에 원한도 악의도 없고, 마음에 오염 없이 청정하여 금생에 네 가지 위안을 얻습니다."

"그렇습니다, 세존이시여! 참으로 그러합니다. 세존이시여! 성스러운 제자는 이와 같이 마음에 원한, 악의가 없고, 마음이 오염되지 않고, 마음이 청정하여 금생에 네 가지 위안을 얻을 것입니다."

경이롭습니다, 세존이시여. 경이롭습니다, 세존이시여. 마치 넘어진 자를 일으켜 세우시듯, 덮여 있는 것을 걷어내 보이시듯, 길 잃은 자에게 길을 가리켜주시듯, 눈 있는 자 형상을 보라고 어둠 속에서 등불을 비춰주시듯, 세존께서는 여러 가지 방편으로 법을 설해주셨습니다. 저희들은 이제 세존

께 귀의하옵고 법과 승가에 귀의합니다. 저희들을 재가 제자
로 받아주소서. 오늘부터 목숨이 붙어 있는 그날까지 세존
께 귀의합니다."

《증지부》1, 〈깔라마경〉

CHAPTER 2

불교인이 알아야 할 기본 개념

붓다의 가르침 중 가장 핵심은 무엇입니까?

붓다의 가르침의 핵심은 사성제四聖諦입니다.

그것은 수레바퀴의 중심축이 바퀴의 핵심인 것과 같습니다.

사성제란 네 가지 고귀한 진실입니다.

사성제 중 첫 번째는 무엇입니까?

첫 번째 고귀한 진실은 삶은 고통(dukkha, 苦)이라는 것입니다.

사는 것은 고통입니다.

우리는 삶에서 필연적으로 고통을 받아야만 합니다.

세상에는 여러 종류의 고통이 있는데 이런 경험없이 산다는 것은 불가능합니다.

우리는 육체적인 고통, 즉 질병이나 부상, 피로, 늙음을 견뎌내고 결국에는 죽음도 견뎌내야 합니다.

또한 외로움, 슬픔, 비탄, 공포, 걱정, 실망, 화 같은 문제들로 인한 고통을 참아내야 합니다.

너무 비관적인 것 아닌가요?

사전에서는 '비관주의'를 이렇게 정의합니다.
"미래에 일어날 모든 일들이 나쁜 것이라고 생각하는
습관" 혹은 "악이 선보다 강할 것이라는 믿음." 그러나
불교는 이 두 가지 다 가르치지 않습니다.
행복이 존재한다는 것도 부인하지 않습니다.
불교는 존재하는 것은 육체적, 정신적 고통이 함께한
다는 사실을 말하고 있습니다.
이 말은 너무나 진실되고 분명해서 부정할 수 없는 것
입니다.
다른 모든 종교의 중심 개념은 신화라든가 전설 같은,
검증하기 어렵고 불가능한 것들을 말하고 있습니다.
그러나 불교는 경험과 반박할 수 없는 사실, 모든 사람
들이 정신적 육체적인 고통을 극복하기 위해 노력하
는 것으로부터 출발합니다.

불교는 유일하게 객관적 사실을 말하는 지극히 사실
적인 종교입니다.

모든 문제의 핵심인 '고통과 고통에서 벗어나는 방법'
으로 곧장 들어가기 때문입니다.

사성제 중 두 번째는 무엇입니까?

두 번째 고귀한 진실은 모든 고통은 욕망에서 비롯된
다는 것입니다.

우리가 겪는 고통을 깊이 관찰해보면 고통이 욕망으
로부터 어떻게 발생하는지를 쉽게 알 수 있습니다.

우리가 무언가를 간절히 원하지만 가질 수 없을 때, 좌
절감에 사로잡힙니다.

다른 사람이 우리가 기대하는 대로 행동해주길 바라
지만 그렇지 않을 때 실망하게 됩니다.

다른 사람이 우리를 좋아해주길 바라지만 그렇지 않
을 때, 상처를 받습니다.

심지어 간절히 원해서 얻게 된다고 해도 싫증이 나고

흥미를 잃어버리고 또 다른 것을 갈망합니다.

가진 것이 행복을 가져다주지 못합니다.

사성제의 두 번째 고귀한 진실은 고통의 원인은 갈망과 집착이며 원하는 것을 얻는다 해도 그것이 행복을 보장해주지 않는다는 진실을 말하고 있습니다.

붓다는 무언가를 얻기 위해 지속적으로 집착하는 욕망을 다스리라고 합니다.

성문 밖의 저 돌기둥은 바람이 불어와도 흔들리지 않는 것
처럼 진리를 체험한 사람도 이와 같으니 가장 값진 보배가
이 속에 있음이여, 이 진리의 보배로 하여 축복 있으라.

갈망(욕망)이 어떻게 육체적인 고통을 불러 일으킬 수 있습니까?

인간은 일생을 무엇인가를 원하고 집착하며, 특히 존재하기 위해 끝없이 갈망합니다.

붓다는 갈망이 또 다시 태어나게 하는 윤회의 원인이라고 합니다.

다시 태어나면 새로운 몸을 갖게 되고, 그 몸 역시 늙고 병들고 마침내 죽음에 이르게 됩니다.

몸이 있는 한 무엇인가를 갈망해야 하고 갈망이 있으면 고통은 필연적으로 따릅니다.

우리가 욕망을 모두 버리면 그 어떤 것도 얻거나 성취하지 못하게 되지 않습니까?

붓다의 가르침은 현재에 대한 불만족, 더 많은 것을 갈구하는 잘못된 욕망을 다스려야 한다는 것입니다.

우리에게는 필요한 것이 있고 원하는 것이 있습니다.

필요한 것과 원하는 것을 구별해서, 필요한 것은 구하고 원하는 것은 자제하라 했습니다.

필요는 충족될 수 있지만 욕망은 밑 빠진 항아리처럼 끝이 없기 때문이지요.

살아가기 위해 꼭 필요한 기본적인 것들이 있습니다.

최소한의 필요를 위해서만 수고해야 하고 이것을 넘어서는 욕망은 자재해야 합니다.

욕망이 있으면 반드시 고통이 있기 때문입니다.

사성제 중 세 번째는 무엇입니까?

세 번째 고귀한 진실은 모든 고통의 소멸되어진 닙바나nibbāna, 즉 열반의 행복입니다.

스스로 노력을 해서 고통(dukkha, 苦)을 극복하고 고통으로부터 자유, 즉 완전한 행복을 얻을 수 있다는 것입니다.

이것은 사성제 중 가장 핵심적인 것으로 붓다는 참된 행복이 실현 가능하다는 것을 확신시켜 주었습니다.

욕망을 극복하고 현재에 충실하는 것을 배울 때, 삶이 주는 것에 만족할 때, 인생의 문제들을 두려움과 증오와 분노 없이 인내심을 가지고 견딜 때, 자유롭고 행복해집니다.

그러면 우리는 자유를 만끽하며 온전하게 살 수 있습니다. 인간이 욕망에 휘둘리지 않고 모든 정신적 고통으로부터 완벽하게 자유로운 상태에 머무는 것을 열반이라고 합니다.

닙바나nibbāna, 즉 열반은 무엇이고 어디에 존재합니까?

닙바나nibbāna는 시공간을 초월하는 영역입니다.

언어로 표현하기 어렵고 상상조차 쉽지 않습니다.

우리의 말과 생각은 시공간 위에 존재하는 것을 설명하는 데 익숙하기 때문에 5차원의 세계를 2차원의 언어를 사용해 표현하기에는 한계가 있습니다.

또한 열반은 시공간을 초월해 있기에 인과도 없고 늙음도 없고 죽음도 없습니다.

열반은 영원하고 무한합니다.

열반은 지고한 행복이며 실재하고 수행을 통해 경험할 수 있습니다.

> 병없음 최고의 득이요
> 만족은 으뜸가는 재산
> 신뢰는 최상의 친척
> 열반은 최고의 행복이다
>
> 《법구경》204

시공간을 초월한 차원이 있다는 증거가 있습니까?

시공간을 초월한 세계를 시공간의 언어로 설명하는 것은 어렵습니다.

그러나 그 사실을 유추할 수는 있습니다.

시간과 공간이 지배하는 차원은 분명히 존재합니다.

지금 우리가 경험하고 있는 세계입니다.

어둠이 있기에 밝음이 있고 어둠이 없다면 밝음도 없습니다.

어둠과 밝음이 동전의 양면처럼 존재하듯이

시간과 공간이 작용하는 세계가 있다는 것은 시간과 공간의 영향을 받지 않는 비시공간적인 영역, 즉 열반을 유추해 볼 수 있는 실마리가 됩니다.

열반이 실재하는 것은 지금 눈앞에서 증명할 수는 없지만, 열반이 실재한다는 붓다의 메세지가 있고 붓다의 가르침대로 수행을 해서 열반을 체험한 사람들이 있습니다.

태어나지 않고, 되어지지 않고, 만들어지지 않고, 형성
되어지지 않은 것이 있다.

만일 태어나지 않고, 되어지지 않고, 만들어지지 않고,
형성되어지지 않은 것이 없다면 태어나고, 되어지고,
만들어지고, 형성되어지는 것으로부터 벗어남은 불가
능하다.

그러나 태어나지 않고, 되어지지 않고, 만들어지지 않
고, 형성되어지지 않은 것이 있기 때문에 태어나고, 되
어지고, 만들어지고, 형성되어지는 것으로부터 벗어남
이 가능하다.

《자설경》80

열반은 경험할 때, 비로소 알 수 있습니다. 열반은 수
행을 통해 경험됩니다.

즐거움을 괴로움이라 알고, 괴로움을 독화살이라 알며,
즐겁지도 괴롭지도 않은 느낌을 덧없다고 바르게 알게 된다
면, 바르게 안 수행자는 그로 인해 여기에서 해탈을 얻어
뛰어난 능력을 깨닫고 번뇌의 속박을 뛰어넘은 현명한 성자
이다.

사성제의 네 번째는 무엇입니까?

네 번째 고귀한 진실은 '고통의 소멸로 이끄는 길'입니다. 이 길道은 팔정도八正道, 고귀한 여덟 겹의 길이라고 합니다.

팔정도는 "바른 견해, 바른 사유, 바른 언어, 바른 행동, 바른 생활, 바른 노력, 바른 사띠, 바른 집중"으로 이루어져 있습니다.

불교의 수행은 팔정도, 이 여덟 겹의 요소가 완벽할 때까지 실천하는 것입니다.

붓다가 발견해 세상에 드러낸, 깨달음의 길 팔정도는 인생의 모든 면이 함축되어 있습니다.

지성, 윤리, 사회와 경제, 심리적인 것들까지 말입니다. 한 개인이 바람직한 인생으로 나아가면서 영적 성숙을 도모하는 데 필요한 모든 것을 포함하고 있습니다.

〈초전법륜경Dhamma-cakka-pavattana-sutta〉

이렇게 들었다. 세존께서 바라나시 이시빠따나의 녹야원
에 머무실 때였다. 세존께서 다섯 비구들을 불러 말씀하셨다.
"비구들이여 출가 수행자가 가까이 하지 말아야 할 두 가
지 극단이 있다. 둘이란 무엇인가?"

"첫째, 저속하고 성스럽지 못하며 이득이 없는 감각적 쾌
락에 대한 탐닉과, 둘째, 고통스럽고 성스럽지 못하며 이득
이 없는 고행에 몰두하는 것이다. 비구들이여, 여래는 이러
한 양 극단을 지양하고 완전한 중도(中道 majjhimā paṭipadā)
를 성취했으니, 이는 눈을 열고 지혜를 만들며 적정과 통찰
지와 온전한 깨달음과 열반으로 이끈다.

비구들이여, 여래가 성취한, [이른바] 눈을 열고 지혜를 만
들며 적정과 통찰지와 온전한 깨달음과 열반으로 이끈다
는 중도中道란 무엇인가?

그것은 곧 팔정도(八正道 ariya-aṭṭhaṅgika-magga)를 이르나
니, 정견(正見 sammā-diṭṭhi), 정사유(正思惟 sammā-saṅkappa),
정어(正語 sammā-vācā), 정업(正業 sammā-kammanta), 정명

(正命 sammā-ājīva), 정정진(正精進 sammā-vāyāma), 정념(正念 sammā-sati), 정정(正定 sammā-samādhi)이다."

"비구들이여, 이것이 고품의 성제聖諦니, 생로병사生·老·病·死가 고품요, 우비고뇌憂·悲·苦·惱가 苦요, 싫은 것과 만나는 것, 좋은 것과 떨어지는 것, 바라는 것을 얻지 못하는 것이 고품니, 한마디로 [사람들로 하여금] 취착케 하는 오온五蘊 자체가 고품다."

"비구들이여, 이것이 고품 발생의 성제(苦集聖諦)니, 그것은 곧 갈애(渴愛 taṇhā)요, 재생으로 이끌며, 여기저기 탐닉할만한 것을 찾는, 즉 감각적 쾌락에 대한 갈애(欲愛 kāma-taṇhā), 존재에 대한 갈애(有愛 bhava-taṇhā), 비존재에 대한 갈애(無有愛 vibhava-taṇhā)가 그것이다."

"비구들이여, 이것이 고품 소멸의 성제(苦滅聖諦)니, 이는 곧 온갖 갈애가 남김없이 소진되고 모두 내려놓아 자유롭고 집착을 떨쳐버린 것이다."

"비구들이여, 이것이 고품의 소멸에 이르는 도道의 성제(苦滅道聖諦)니, 팔정도, 즉 정견, 정사유, 정어, 정업, 정명, 정정진, 정념, 정정이다."

"비구들이여, 나에게 이전에 들어보지 못한 '이것이 고성제다'라는 법안法眼이 생겼다(dhammesu cakkhum udapādi), 통찰지(ñāṇa, paññā)와 광명(vijjā, āloka)이 생겼다. '이 고성제는 온전히 꿰뚫어 알아야 한다(pariññeyya 所遍知)'는 법안이 생겼다. 통찰지와 광명이 생겼다. '이 고성제를 온전히 꿰뚫어 알았다(pariññāta)'는 법안이 생겼다. 통찰지와 광명이 생겼다."

"비구들이여, 나에게 이전에 들어보지 못한 '이것이 고 발생의 성제다'라는 법안이 생겼다. 통찰지와 광명이 생겼다. '이 고 발생의 원인들은 버려져야 한다(pahātabba)'는 법안이 생겼다. 통찰지와 광명이 생겼다. '이 고 발생의 원인들은 온전히 버려졌다(pahīna 已斷)'는 법안이 생겼다. 통찰지와 광명이 생겼다."

"비구들이여, 나에게 이전에 들어보지 못한 '이것이 고 소멸의 성제다'라는 법안이 생겼다. 통찰지와 광명이 생겼다. '이 고 소멸의 성제는 증득되어야 한다(sacchikātabba)'는 법안이 생겼다. 통찰지와 광명이 생겼다. '이 고 소멸의 성제가 증득되었다(sacchikata 自證, 證知, 實現)'는 법안이 생겼다. 통찰지와 광명이 생겼다.

"비구들이여, 나에게 이전에 들어보지 못한 '이것이 고의 소멸에 이르는 도의 성제다'라는 법안이 생겼다. 통찰지와 광명이 생겼다. '이 고의 소멸에 이르는 도의 성제는 닦아야 한다(bhāvetabba)'는 법안이 생겼다. 통찰지와 광명이 생겼다. '이 고의 소멸에 이르는 도의 성제를 온전히 닦았다(bhāvita)'는 법안이 생겼다. 통찰지와 광명이 생겼다."

"비구들이여, 내가 이렇게 삼전(三轉 tiparivaṭṭa) 십이상(十二相 dvādasākāra)의 사성제를 청정하게 여실 지견(如實·智見 yathābhūta-ñāṇadassana)하지 않았다면 신과 마라, 범천, 그리고 사문, 바라문, 신과 인간을 통틀어 최상의 깨달음을 성취했다고 확신할 수 없었을 것이다.

그러나, 삼전 십이상의 사성제를 청정하게 여실지견했기 때문에 나는 신과 마라, 범천, 그리고 사문, 바라문, 신과 인간을 통틀어 위없는 깨달음을 성취했다고 밝힌 것이다. 나에게 '내 해탈은 확고부동하다. 이것이 나의 마지막 태어남이며, 내게 더 이상의 재생은 없다'는 지견(智見)이 일어났다(ñāṇañ ca pana me dassanam udapādi)."

세존께서 이렇게 말씀하시자 다섯 비구들은 마음이 흡족하여 크게 기뻐하였다. 이 법이 설해지고 꼰단냐 존자에게 '생겨난 것들은 모두 소멸하기 마련(yaṃkiñci samudayadhammaṃ sabban taṃ nirodhadhamman ti)'이라는 무구(無垢 viraja-vītamala)의 법안이 열렸다.

이렇게 세존께서 법륜을 굴리셨을 때 지신들이 외쳤다. "세존께서 바라나시 이시빠따나의 녹야원에서 무상의 법륜을 굴리셨으니 어떤 사문 바라문도, 신, 마라, 범천 가운데 그 누구도 이것을 멈추지 못하리라!"라고.

지신들의 소리를 듣고 사대천왕(cātummahārājikā)의 신들이… 삼십삼천(tāvatiṃsa)의 신들이… 야마천(yāma)의 신들이… 도솔천(tusita)의 신들이… 화락천(nimmānarati)의 신들이… 타화자재천(paranimmittavasavatti)의 신들이… 범천(brahmakāyika)의 신들이 외쳤다. "세존께서 바라나시 이시빠따나의 녹야원에서 무상의 법륜을 굴리셨으니 어떤 사문 바라문도, 신, 마라, 범천 가운데 그 누구도 이것을 멈추지 못하리라!"라고.

그때 세존께서 감흥어를 읊으셨다. "꼰단냐가 제대로 꿰뚫어 알았구나, 꼰단냐가 제대로 알았구나! (aññāsi vata bho *koṇḍañño, aññāsi vata bho koṇḍañño ti)* 이런 연유로 꼰단냐 존

자는 '안냐 꼰단냐 阿若憍陳如'라고 불리게 되었다.

《상응부》〈초전법륜경〉

CHAPTER 3

불교와 신의 개념

불교인들은 신을 믿습니까?

아니오. 그렇지 않습니다. 여기에는 몇 가지 이유가 있습니다.

붓다는, 현대의 사회학자와 심리학자들이 보는 것처럼, 종교적인 관념과 신의 개념은 인간의 내면 깊이 내재되어 있는 공포심과 두려움에 그 뿌리를 두고 있다고 했습니다.

> 중생들은 두려움에 사로잡혀 성스럽다는 산이나 숲을 찾고 신비한 나무나 성전으로 간다.
>
> 《법구경》188

원시시대의 인간들은 위험하고 적대적인 세계 안에서 무엇인가 의지할 것을 찾아야 했습니다.

그들이 살고 있던 세상은 야생동물에 대한 공포, 충분한 먹거리를 얻을 수 없을 것에 대한 공포, 질병과 부상에 대한 공포, 천둥 번개와 화산, 지진과 같은 자연

세심한 사색은 아직 배울 것이 남은 수행자를 위한 것으로
달리 이만큼 유익한 것은 없다. 으뜸가는 이익을 얻기 위해
부지런히 힘쓰는 수행자는 괴로움 없는 데에 이를 수 있을
것이다.

재해에 대한 공포 등이 가득한 세계였습니다.

그 어디에도 안전한 것은 없다는 것을 깨닫고 평온한 때에는 안식을, 위험한 상황에서는 용기를, 어려움이 닥쳤을 때는 스스로를 위로하기 위해서 신God이라는 개념을 만들었습니다.

오늘날에도 위기의 순간에 사람들은 더 종교적이 되고 신에 대한 믿음이 고난의 삶을 헤쳐 나가는 데 필요한 강인함을 준다고 합니다.

곤경에 처했을 때 기도를 하면 신이 응답하기에 신을 믿는다고 하기도 합니다.

이 모든 것은, 신이라는 개념이 중생들에게는 공포와 좌절에 대한 대책이라는 붓다의 가르침을 입증하고 있지 않습니까?

붓다는 우리에게 공포와 두려움을 바르게 이해하고, 욕망을 줄이고, 자신이 변화시킬 수 없는 것들을 받아들이는 용기를 갖기 위해 노력하라고 합니다.

붓다는 공포와 불안을 비이성적인 믿음에서 합리적인 이해로 바꾸어 놓았습니다.

불교가 신을 인정하지 않는 것은 사실 붓다의 가르침을 떠나서도 붓다는 신이라는 존재가 없다는 사실을 깨달았기 때문입니다. 신이 있다고 인정할 만한 그 어떤 객관적인 증거도 없기 때문입니다.

세상에는 많은 종교가 있고 모든 종교는 자신들이 믿는 신의 말씀을 보존한 성전이 있습니다.

또한 자신들만 신의 본질을 알고 있고 자기들의 신만 진실로 존재할 뿐, 다른 신은 허구라고 합니다.

어떤 종교는 신은 남성이라고 하고, 어떤 종교는 여성이라고 합니다.

어떤 종교는 중성이라고 주장합니다.

자신들이 믿는 신이 존재한다는 것을 증명한다면서 다른 종교가 내세우는 증거들은 비웃습니다.

수세기 동안 여러 종교들이 신의 존재를 증명하기 위해서 노력해왔지만, 아직도 실제적이고 확실해서 반박할 수 없는 증거가 발견되지 않았다는 것은 그리 놀라운 일이 아닙니다.

불교가 신을 인정하지 않는 중요한 이유는 그런 믿음

이 필요하지 않기 때문입니다.

혹자는 이 우주의 기원을 알기 위해서는 신에 대한 믿음이 필요하다고 하는데, 그렇지 않습니다.

과학은 신의 개념을 빌리지 않고도 이 우주가 어떻게 생겨났는지 설명하고 있습니다.

신을 믿는 사람들은 행복하고 의미 있는 삶을 살기 위해서는 신에 대한 믿음이 꼭 필요하다고 하는데, 다시 말하지만 결코 그렇지 않습니다.

불교를 거론하지 않더라도, 세상에는 신을 인정하지 않고도 행복하고 의미있게 사는 수많은 무신론자와 자유사상가들이 있습니다.

인간은 나약해서 전능한 신에 대한 믿음이 필요하다고 하는데, 자신의 노력과 내면의 힘을 통해 신체적인 장애나 결함을 이겨낸 사람들의 이야기를 들어보십시오. 오히려 반대라는 것을 알 수 있을 것입니다.

인간이 구원받기 위해서는 신이 필요하다는 것은 '구원'이라는 신학적 개념을 받아들일 때만 가능한 것입니다.

불교는 구원이라는 개념을 받아들이지 않습니다.

인간은 자신의 마음을 청정하게 할 수 있는 능력이 있고, 자비와 지혜를 개발할 수 있는 능력도 있다는 것을 붓다는 알았습니다.

그래서 붓다는 신과 천국에 대한 관심을 인간의 마음에 대한 관심으로 돌려놓았습니다.

그리고 자기를 바로 이해함으로써 신에게 구걸하지 않고 스스로 문제를 해결하고 행복으로 가는 방법을 제시하며 용기를 북돋아 주었습니다.

어질고 노력하는 현명한 수행자는 바른 지혜로 관찰하고,
싫어해야 할 상태를 싫어할 것이다. 이처럼 노력하고
고요히 생활하여 흥분하는 일 없이 마음의 고요를 실천하는
사람은 괴로움의 소멸에 다다를 것이다.

신이 없다면 우주는 어떻게 해서 생겨난 것입니까?

모든 종교는 이 질문에 대해 대답할 수 있는 나름의 신화와 이야깃거를 가지고 있습니다.

지식이 부족했던 고대에는 이러한 신화로 대답이 충분했었지만, 물리학과 천문학, 지리학이 발달한 20세기에는 신화의 자리를 과학적 사실들이 차지하고 있습니다. 과학은 신의 이름을 빌리지 않고도 우주의 기원을 설명하고 있습니다.

그럼 붓다는 우주의 기원에 대해서 어떻게 설명하고 있습니까?

우주의 기원에 대한 붓다의 설명은 흥미롭게도 현대 과학적인 사실과 아주 가깝습니다.

초기 경전인 악간냐경aggañña‒sutta을 보면 우주는 무한겁의 시간을 두고 성成·주住·괴壞·공空, 즉 파괴되었다 다시 생겨나기를 반복하면서 현재가 되었다고 설명합니다.

지구상의 생명체는 맨 처음 물에서 생겨나 오랜 시간을 겪으면서 단순한 생명체에서 아주 복잡한 유기체로 진화해 왔습니다.

이 모든 과정은 시작도 끝도 없고 자연적인 원인과 결과에 의해서 이루어진 것입니다.

신의 존재를 증명할 만한 증거는 없다고 했는데, 기적에 대해서는 어떻게 생각하십니까?

기적이 신의 존재에 대한 증거라고 믿는 사람들이 많긴 합니다. 기적적인 치유가 일어났다고 하는 사람도 있지만 의사나 병원에서 이를 보증해 주는 것을 본 적은 없습니다.

자연 재해로부터 기적적으로 살아남은 사람에 대한 간접적인 보고도 있지만 실제 무슨 일이 일어났는지를 알 수 없습니다.

기도하다가 불치병이 치유되고 앉은뱅이가 일어나고 구부러진 팔다리가 펴졌다고 하지만 공적인 기관에서 의사가 이를 증명해주었다는 소식은 듣지 못했고 엑스레이x-ray 사진을 본 적도 없습니다.

정황적인 주장이나 간접적인 이야기와 소문은 증거가 되기에 불충분하고, 사실 기적의 증거가 될 만한 것들도 드뭅니다.

물론 우리가 설명할 수 없고 또 기대하지 못했던 일들

이 일어나기도 합니다.

그러나 그런 일들을 설명하지 못한다고 해서 신의 존재가 증명되는 것은 아닙니다.

현대의 과학 지식이 아직 불충분하다는 사실만을 증명할 뿐입니다.

현대 의학이 발달하기 전에는 병의 원인을 몰라서 신이 인간에게 내린 벌이라고 믿었습니다.

하지만 이제는 그런 병의 원인을 알고 있고 병이 들면 약을 먹습니다.

그리고 세계에 대한 지식이 지금보다 더 완전해지면 지금 설명할 수 없는 현상을 그때 가서는 완전히 이해할 수 있을 것입니다.

예전에는 몰랐던 병의 원인을 지금 알 수 있는 것처럼 말입니다.

다른 종교들은 그들이 섬기는 신의 명령에 따라 옳고 그름을 가릅니다. 신을 인정하지 않는 불교는 옳고 그름을 어떻게 판단합니까?

불교에서는 탐심(貪心, 잘못된 욕망)과 진심(瞋心, 증오, 화)과 치심(癡心, 어리석음)을 삼독심三毒心이라고 합니다. 삼독심에서 비롯된 생각과 말과 행동은 우리를 행복(열반)으로 부터 멀어지게 하므로 나쁜 것입니다.

반대로 보시와 자비와 지혜에서 비롯된 생각과 말과 행동은 행복(열반)에 이르도록 하기에 좋은 것입니다.

신 중심의 종교에서는 무엇이 옳고 그른 것인지가 이미 정해져 있기 때문에 그대로 따르기만 하면 됩니다.

그러나 인간 중심적인 불교는 무엇이 옳고 그른지 명료하게 알기 위해서 자기 성찰을 통해 자기 이해를 개발해야만 합니다.

이런 이해의 바탕 위에 확립된 윤리는 신의 명령에 응답하는 형태의 윤리보다 더 견고합니다.

불교는 옳고 그른 것을 판단하는 기준으로 세 가지를

따지는데 동기, 결과 그리고 행동입니다. 동기는 자신에게 영향을 미치고, 결과는 타인에게 영향을 미칩니다. 여기에는 여러 가지 다양한 형태가 존재합니다.

동기가 보시와 자비와 지혜에서 비롯되었고, 자신을 이롭게 하고 타인에게도 유익하면 좋은 행동입니다. 반대로 동기가 선하지는 않았지만 자신의 행동이 타인을 이롭게 하는 경우도 있습니다.

그런가 하면 좋은 의도를 가지고 했지만 자신에게만 이롭고 타인에게는 유익하지 경우도 있습니다.

의도가 나쁘고 행동이 자신도 타인에게도 해롭다면 나쁜 것입니다.

CHAPTER 4

다섯 가지 윤리적 가르침

불교에도 윤리 강령이 있습니까?

불교 윤리의 토대는 빤짜-실라Pañca-sīla, 오계五戒입니다. 살아있는 것을 해치지 말 것, 도둑질하지 말 것, 잘못된 성적인 행동하지 말 것, 거짓말하지 말 것, 정신을 혼미하게 하는 술이나 약물을 먹지 말 것 등 다섯 가지 규율이 있습니다.

오계五戒, pañca-sīla

1, 나는 살아있는 생명을 해치지 않는다는 계를 지니겠습니다.(不殺生)

2. 나는 주어지지 않은 것을 취하지 않는다는 계를 지니겠습니다.(不偸盜)

3. 나는 잘못된 성행위를 하지 않는다는 계를 지니겠습니다.(不邪淫)

4. 나는 잘못된 말을 않는다는 계를 지니겠습니다.(不妄語)

5. 나는 정신을 혼미하게 하는 곡주나 과일주를 먹지 않는다는 계를 지니겠습니다.(不飮酒)

살생을 피할 수 없을 때도 있지 않습니까?
예를 들어 질병을 퍼트리는 생물이나 무엇인
가 내 생명을 위협하는 경우 말입니다.

자신을 위해서는 좋지만 상대의 입장은 어떻겠습니
까?

모든 살아있는 생명체들은 살고 싶어 합니다.

내가 살고 싶어 하는 만큼 다른 생명들도 살고 싶어
합니다.

자신을 괴롭히는 벌레나 곤충 같은 것들을 죽이면 자
기는 좋지만 상대는 고통이 될 것입니다.

살생을 하는 것이 불가피할 때도 있습니다만 붓다는
의도된 살생은 반드시 결과가 돌아온다고 했습니다.

살생을 하지 않는 최선을 선택해야 합니다.

무엇인가에 기대는 자는 흔들림이 있다.

아무것에도 기대지 않은 자에게 흔들림은 없다.

흔들림이 없으면 고요히 쉬게 된다.

불교인들은 개미나 벌레 같은 미미한 생명체에 대해서까지 지나치게 관심을 쏟는 게 아닐까요?

불교는 차별적이지 않고 모든 것을 다 포용하는 자비심을 가지라고 합니다. 불교에서 세계는 모든 생명체가 저마다 고유한 위치에서 살고 있는 곳입니다.

불교는 자연의 균형을 파괴하거나 교란시키는 상태에 이르지 않도록 신중해야 한다고 합니다.

자연을 개발한다는 명목으로 되돌려주는 것은 없으면서 마지막 한 방울까지 쥐어짜고 정복하고 약탈하는 타종교문화권의 태도를 보십시오.

그 결과 자연은 우리에게 복수하고 있습니다.

공기는 오염되고 강물은 더러워졌습니다.

셀 수 없이 많은 아름다운 동물종이 멸종의 위기에 처해 있고 나무는 깎여나가고 산은 벌거벗고 있습니다.

심지어 지구의 기후조차 변하고 있습니다.

부수고 파괴하고 살생하는 일을 줄여나간다면 끔찍한

상황은 막을 수 있을 것입니다.

우리는 생명에 대해 지금보다 조금 더 경외심을 가져야 합니다. 이것이야말로 다섯 가지 윤리적 가르침 중 첫 번째 계율인 불살생不殺生에 해당하는 것입니다.

잘못된 성행위를 말라고 하는데 무엇을 말하는 것입니까?

속임수를 쓰거나 강제적으로 관계를 맺는 것이 간음입니다.

혼외정사 역시 간음에 속합니다. 혼인이란 배우자에게만 충실하겠다는 약속이라는 점에서 볼 때 말입니다.

불륜을 저지르는 것은 부부 간의 신의를 배반하고 약속을 깨뜨린 것이 됩니다.

성적인 관계는 두 사람 간에 사랑의 표현이어야 하고 정신과 감정에 모두 유익함을 주어야 합니다.

결혼 전의 성관계도 잘못된 것에 해당합니까?

두 사람 간에 동의와 사랑이 전제되어 있다면 아닙니다. 그러나 잊지 말아야 할 것은 성性의 생물학적 기능은 번식이며 미혼 여성이 임신을 한다면 여러 가지 문제가 발생한다는 것입니다.

사려 깊은 사람이라면 결혼하기 전까지는 성적인 관계를 자제할 것입니다.

거짓말하지 않고 사는 게 가능하다고 생각하십니까?

가능합니다. 불교는 거짓말을 금기합니다. 붓다께서는 거짓말은 자신에도 해롭고 남도 해롭게 한다고 가르칩니다.

그렇다는 사실을 아는 사람은 자신에게도 해롭고 남도 해롭게 하는 짓을 하지 않습니다.

카르마Karma의 법칙, 인과법因果法이 어떻게 작용하며 어떤 결과가 되어 되돌아오는지를 알기에 절대로 거짓을 사용하지 않습니다.

붓다께서 발견한 카르마의 법칙은 지금 한 행위의 결과를 지금 받기도 하고 5년, 10년 후에 받기도 하고 나아가 다음생에 받기도 하는데, 카르마의 법칙에 시차는 있지만 오차는 없다고 합니다.

예를 하나 들어 볼까요.

일본의 햄과 소시지 시장의 90%를 점유했던 일본 최대 식품회사 유키지루시雪印식품이 수입 쇠고기를 국산 쇠고기라고 거짓말한 것이 탄로나 하루아침에 몰락했습니다.

호주산 쇠고기를 국산용 상자에 담아서 위장시킨 사실이 발각돼 소비자들의 철저한 외면으로 회사의 문을 닫았습니다.

사실 이런 일화는 셀 수 없이 많습니다.

거짓은 순간에 이익이 되기도 하지만 결국에는 큰 손실이 되어 돌아옵니다.

> 허공 속에도 바다 속에도 산 속의 바위 틈 속에도 숨길 수 없다
> 악행으로부터 도망칠 곳은 어디에도 없다.
>
> 《법구경》127

비구들이여, 사람들은 몸으로 악행을 저지르고, 입으로 악행을 저지르며, 마음으로 악행을 저지르게 된다. 이처럼 몸과 입과 마음으로 악행을 지음으로 해서, 몸이 무너져 죽은 후에 나쁜 곳(惡處; 지옥, 아귀, 축생)으로 떨어져서 고통을 받게 되고 불행한 운명에 빠지게 된다.

모든 것은, 감각적인 욕망 때문에, 감각적인 욕망에 의
존되어, 감각적인 욕망에 강요되어, 감각적인 욕망에
의해 동요되어 저지른 행위의 결과이다.

이것이 다음 생에서 받게 되는 고통의 무더기이며, 감
각적 욕망의 재앙인 것이다.

《중부》 13 〈고온대경〉

모든 살아있는 생명체를 내가 살고 싶어하는 만큼
살고 싶어합니다. 우리는 생명에 대해
지금보다 조금더 경의심을 가져야합니다.

술을 금지하는데 적당한 음주는 해가 되지 않는다고 생각하는데요.

술을 맛으로 마시지는 않습니다. 사람이 혼자서 술을 마시는 것은 긴장감에서 해방되고 싶어서고, 여럿이서 마시는 것은 사회생활 때문입니다.

술은 아무리 적은 양이라도 의식을 왜곡하고 자각을 방해하기 마련입니다.

많은 양을 마시면 그 결과는 끔찍합니다.

경미한 계를 깨뜨리는 것은 괜찮지 않을까요? 사소한 것이라고 생각하는데요.

예, 물론 그다지 큰일은 아닐 수도 있습니다.

하지만 사소한 것도 실행에 옮기지 못한다면 그 사람의 서약이나 결심 역시 사소한 게 되지 않을까요?

빤짜실라五戒는 '하지 말라'는 부정의 메시지입니다. 무엇을 해야 할지에 대해서는 말하지 않고 있다고 생각하는데요.

빤짜실라는 불교 윤리의 토대이지 전부가 아닙니다. 실라śīla, 즉 계戒는 자기 성찰을 통해 나쁜 행실을 인지하고 이를 멈추고자 하는 열망으로부터 시작합니다. 이것이 계가 추구하는 것입니다.

먼저 나쁜 짓을 멈추어야 좋은 일을 할 수 있습니다. 붓다는 거짓말을 멈추는 것부터 시작하라고 가르칩니다.

> 거짓된 말을 멈추고 진실된 말을 할 때 그는 세계를 더 이상 속이지 않게 된다.
>
> 악담을 멈추고, 여기 말을 저기로 저기 말을 여기로 옮기면서 사람들을 이간질 시키는 일을 더 이상 하지 않게 된다.
>
> 그러면 등 돌린 사람들이 화해하고 이미 친구인 사람들은 더욱 가깝게 한다.

조화는 그의 기쁨이고 즐거움이며 사랑이다.

이것이 그가 말을 하는 동기다. 모진 말을 멈추면 비난받지 않을 것이고, 귀에 듣기에도 좋으며, 진심이 와닿아 모든 사람들로부터 환영받게 된다.

어리석은 잡담을 멈추어야 담마와 수행에 관해서 제때에, 올바른 말을 하게 된다.

그의 말은 보물과 같고 구구절절 옳으며 뜻도 분명해진다.

《중부》27 〈코끼리 발자국 비유 작은 경〉

CHAPTER 5
윤회

우리는 어디에서 와서 어디로 갑니까?

이 질문에는 세 가지 대답이 가능할 것 같습니다.

유일신교이나 다신교 등 신을 믿는 사람들은, 인간은 창조되기 전에는 존재하지 않다가, 신의 뜻에 따라 존재하게 되었다고 합니다.

인간은 일생을 살면서 신앙과 행동에 따라 천국이나 지옥에 간다고 합니다.

이에 반해 과학자들은 인간은 자연적인 원인(부모)으로 수태된 순간부터 존재하기 시작해서 죽음과 함께 소멸된다고 합니다.

그러나 불교는 두 가지를 모두 받아들이지 않습니다.

유일신교나 다신교의 주장은 여러 가지 윤리적인 문제를 내포하고 있습니다.

신이 우리를 창조했다면 왜 적지 않은 사람들이 장애와 결함을 가지고 태어나는지, 아이가 세상의 빛을 보기도 전에 유산되는지 설명할 수가 없습니다.

신학적인 설명이 가지는 또 다른 문제점은 지구상에

서 60년 내지 70년을 살면서 저지른 일로 인해 지옥에서 영원히 고통을 받는 것은 부당하다는 것입니다.

신앙을 가지지 않았다거나 비도덕적인 삶을 살았다는 이유로 지옥에서 영원한 고통을 당하고,

신을 믿고 살았다는 것만으로 천국에서 영생을 누린다는 것도 과분한 노릇입니다.

과학자들의 설명이 창조주 신을 믿는 입장보다는 그래도 좀 나아보입니다.

과학적인 증거를 가지고 있다는 점에서는 말입니다.

하지만 과학적인 입장 역시 몇 가지 중요한 문제에 대해서는 해답을 주지 못합니다.

정자와 난자라는 두 세포가 만난다는 단순한 사실로부터 놀랍지만 의식이 생겨나는 것을 어떻게 설명할 수 있을까요?

그리고 지금은 초심리학超心理學이 과학의 한 분과로 인정받고 있고 텔레파시와 같은 현상은 유물론적인 모델로는 의식에 대해 연구하는 데 한계가 있다는 것을 보여주고 있습니다.

만약 물이 언제나 있다면 우물이 무슨 소용 있겠는가?
갈애를 뿌리째 끊어내면 다시 무엇을 구하러
길을 떠나겠는가?

불교는 인간이 어디에서 왔다가 어디로 가는지를 아주 만족스럽게 설명하고 있습니다.

인간은 죽으면, 살아생전의 기호나 능력, 버릇이나 성격을 기억하는 마음이 수정란 속에서 자신을 재현해 냅니다.

그렇게 환생한 인간은 자라면서 이전에 가졌던 정신적 특질들을 새로운 환경에 적응시켜 가면서 새로운 인격을 발전시켜 나가는 것입니다.

정신적인 인격은 교육, 부모, 사회의 환경과 같은 외부적인 조건에 따라서 형성되고 변화하다가 죽음과 함께 새로운 수정란 속에 다시 부려놓습니다.

환생 과정은 이것을 가능하게 하는 갈망과 무지와 같은 조건들이 사라질 때까지 계속됩니다.

윤회의 조건들이 사라지면 다시 환생하지 않고 열반을 얻게 되는데, 이것은 불교의 궁극적인 목적이며 불교인들이 추구하는 일생의 목적이라고 할 수 있습니다.

어떻게 이 몸에서 다른 몸으로 갈 수 있습니까?

라디오 전파를 생각해보십시오.

라디오 전파를 인간이 들으면 소리이지만 본질은 전파라는 독특한 파장을 지닌 에너지가 공간을 통해서 전달된 것입니다. 전파가 라디오 수신기에 잡히면 소리와 음악으로 재생됩니다.

이와 같습니다.

인간이 죽는 순간, 정신적 에너지는 공간을 타고 여행을 하다가 어느 수정란에 인연에 따라 끌어당겨집니다. 정신적인 에너지가 수정란에 이식되고 태아가 자라면서 뇌에 자리를 잡고 새로운 인격을 '재생'하게 되는 것입니다.

한번 사람으로 태어나면 계속 사람으로 환생하는 겁니까?

그렇지 않습니다.

인간이 윤회하는 영역에는 몇 가지가 있습니다.

인간을 중심으로 보면 위로는 천상, 아래로는 수라, 축생, 아귀, 지옥 등 여러 가지 영역이 있습니다.

불교에서의 천상(극락/천국)은 특정한 장소가 아니라 행복만 경험하는 그런 존재의 상태를 가리킵니다.

어떤 종교는 천국이 영원한 것으로 오해하고 천국에 태어나기를 간절히 바라기도 합니다.

그러나 이것은 사실이 아닙니다.

인간을 비롯해 다른 모든 것들처럼 천국 역시 유한합니다.

천상에서의 인연이 끝나면 다시 인간으로 태어나기도 합니다.

붓다가 발견한 카르마의 법칙에 따라서 수라, 축생, 아귀, 지옥에 태어날 수도 있습니다.

지옥 역시 특정한 장소가 아닙니다.

감내하기 힘든 걱정이 항상하고 극심한 고통이 있는 상태로 사는 것입니다.

먹어도 먹어도 배가 고픈 아귀로 태어난다는 것은 끊임없이 뭔가를 갈망하고 천금을 가져도 만족하지 못하는 존재의 상태가 되는 것을 의미합니다.

정리하면 천상은 기쁨만 경험하고 지옥은 뼈를 깍아내는 것 같은 고통만 있습니다.

인간은 이 둘을 적당히 합쳐놓은 것들을 경험합니다.

인간의 영역과 다른 세계의 차이점이 있다면 육신의 형태와 정신적 체험의 질입니다.

> 대해大海도 말라버리고, 고갈되어 물 한 방울도 남지 않는 때가 올 것이다. 그리고 이 대지도 불에 타버리고 파괴되어 온전히 사라져버릴 날이 올 것이다. 하지만 어리석음(無明)에 가려져, 갈망(渴愛)에 빠져서 생사의 굴레에서 이리저리 바쁘게 헤매고 다니는 중생들의 괴로움은 다할 날이 없을 것이다.
>
> 《상응부》 XXII, 99

CHAPTER 6

수행은 무엇입니까?

수행은 무엇입니까?

수행은 빨리어로 '바와나bhavana'입니다. 바와나는 성장하다' 또는 '개발하다'라는 의미가 있습니다.

수행은 특히 우리 마음의 메커니즘, 즉 마음이 작용하는 방식을 알아서 욕망으로부터 자유로워지기 위해 의도적으로 노력하는 것입니다.

수행은 중요한 것입니까?

예, 그렇습니다.

우리가 아무리 좋은 행동을 하려고 해도 실제 행동을 일으키는 욕망을 다스리지 않고는 불가능합니다.

예를 들어 아내에게 화를 잘내는 한 남자가 있다고 합시다.

그 남자는 스스로 '이제부터 아내에게 인내심을 가지고 대해야지.' 하고 다짐합니다.

하지만 한 시간도 못 되서 평소 습관대로 아내에게 큰

소리를 칩니다.

불교의 사띠파타나Satipatthāna 수행은 사띠sati라는 알아
차리는 능력을 발전시키고 정신의 뿌리 깊은 습관과
패턴을 변형시킬 수 있도록 해줍니다.

수행은 위험할 수도 있다는 말을 들었습니다. 사실인가요?

살아가는 데는 소금이 필요합니다.

그런데 1kg의 소금을 한꺼번에 먹는다면 죽을 수도 있
습니다.

현대를 살아가기 위해서는 차가 필요한데, 교통 법규
를 지키지 않거나 술을 마시고 운전하면, 차는 위험한
흉기가 됩니다.

불교 수행도 같습니다. 수행은 정신개발을 위해 우리
에게 꼭 필요한 것이지만 잘못된 방법으로 수행하면
문제가 생길 수 있습니다.

우울증이나 정신질환이 있는 사람들이 수행을 하면

진리를 찾고 가르침을 잘 받든 사람은 아무것도 지니지
않아도 즐겁다. 사람은 무엇인가를 소유하다 도리어
괴로움을 당하는 일을 흔히 보게 된다.
사람은 사람에게 속박되기 마련이다.

효과가 금방이라도 날 것처럼 기대합니다. 그래서 수행을 시작하고 문제가 더 심각해지기도 합니다. 그런 문제는 의사나 전문가의 도움을 구해야합니다. 그런 다음 상태가 호전되면 그때 수행을 시작해야 합니다.

한 단계 한 단계씩 자연스럽게 하지 않고 한꺼번에 너무 많은 에너지를 쏟아 부으면서 수행을 하는 사람들이 있는데 그러면 금방 지치고 말 뿐입니다.

대부분 처음 수행을 하는 사람들은 '캥거루Kangaroo 수행'을 합니다.

한 스승에게서 잠시 수행을 배웁니다. 그러다가 다른 내용의 책을 읽으면 그 책을 따라 해봅니다.

그러다가 유명한 스승의 강연을 들으면 이제껏 해온 수행방식에 새로운 것을 섞어버립니다.

이렇게 얼마 지나면 수행자는 절망적인 혼돈에 빠지게 됩니다.

이 스승에서 저 스승으로, 이 방법에서 저 방법으로 마치 캥거루처럼 왔다 갔다 한다 해서 캥거루 수행자라고 합니다.

이것은 잘못입니다.

정신적으로 문제가 없다면 수행을 해보십시오.

수행은 자기가 자기에게 주는 최고의 선물이라는 것을 알게 될 것입니다.

불교 수행은 몇 가지 종류가 있습니까?

붓다는 여러 가지 종류의 명상기술을 가르쳤습니다.

각각의 수행 방법은 특별한 문제를 극복하거나 특정한 심리적 상태를 개발하기 위한 것입니다.

그중에서 가장 일반적인 수행은 자신이 호흡하는 들숨과 날숨에 마음을 기울이는 '아나빠나 사띠anapana sati'와 몸과 마음의 상태를 알아차리는 '사띠파타나 satipatana' 그리고 자비관으로 알려진 '메따 바와나metta bhavana' 세 가지가 있습니다.

'아나빠나 사띠' 수행은 어떻게 하는 건가요?

불교 수행에는 네 가지 조건이 따릅니다.

장소, 자세, 수행 그리고 문제입니다.

먼저, 적당한 장소를 찾으십시오.

시끄럽지 않고 방해받지 않는 방이나 한적한 장소가 좋습니다.

두 번째로, 아주 편안한 자세로 앉으십시오.

가부좌를 하고 엉덩이 밑에 쿠션을 받치고 앉는 것도 괜찮습니다.

대신에 등은 곧게 펴고 손을 무릎 위에 편안히 올려놓은 다음, 눈을 살포시 감습니다.

등을 반듯이 편 채로 기대지 않고 의자에 앉아서 해도 좋습니다.

그런 다음에 실제로 수행을 합니다.

눈을 감고 들숨과 날숨의 들고 나는 흐름에 주의를 기울입니다.

들이쉬고 내쉬면서 호흡의 수를 세거나 아랫배가 오

르내리는 것을 관찰해도 괜찮습니다.

그렇게 하다 보면 어떤 문제나 어려움이 발생할 것입니다.

몸이 가렵거나 무릎이 저리고 여기저기에서 통증이 일어나기도 할 것입니다.

그렇다 해도 몸을 움직이지 않고 인내하면서 호흡에 끊임없이 계속 주의를 기울여야 합니다.

반면에 여러 가지 생각이 일어나서 호흡에 집중할 수 없게 하기도 합니다.

이런 문제들에 대처하는 유일한 방법은 계속해서 호흡에 주의를 되돌리는 것입니다.

호흡에 집중하기 위해 억지를 부리지 않고 아주 자연스럽게 해야 합니다.

인내심을 가지고 계속하면 생각은 약해지고 집중력은 강해지면서 아주 깊은 정신적인 고요와 내적인 평화의 순간을 맛보게 될 것입니다.

수행은 얼마나 오랫동안 해야 할까요?

처음 한 주는 매일 15분 동안 하는 것이 좋습니다.
그런 다음 45분 동안 수행할 수 있을 때까지 매주 5분
씩 늘리십시오. 중요한 것은 규칙적으로 수행하는 것
입니다.
규칙적으로 매일 하다 보면 몇 주 지나지 않아서 집중
력이 좋아지고 잡념이 줄어드는 경험을 하게 되고 마
음의 평화와 고요함을 체험하게 될 것입니다.

자비관 수행은 어떤 것이고 어떻게 하는 것입니까?

호흡에 주의를 기울이는 수행에 어느 정도 익숙해지
면 자비관 수행, 즉 메따 바와나metta bhavana를 시작할
수 있습니다.
호흡 수행을 하기 전에 자비관 수행을 먼저 하고 그다
음에 하고 호흡관찰 수행을 하는 것이 좋습니다.

지극한 마음으로 삼매에 들어 있는 비구에게 여러 가지
법이 밝아올 때 그의 모든 의혹은 사라져 버린다.
모든 법에는 그 원인이 있음을 환히 아는 까닭이다.

마음을 자신에게 기울이면서 마음속으로 "내가 행복
해지기를… 내가 평화롭기를… 내가 위험으로부터 보
호받기를… 내 마음이 증오로부터 자유로워지기를…
내 마음이 사랑으로 가득 차기를…"이라고 마음이 평
온을 해질 때까지 반복적으로 말합니다.

그러고 나서 좋아하는 사람, 좋아하지도 싫어하지도
않는 사람, 싫어하는 사람을 순서대로 떠올리며 진심
으로 "그가 행복하기를… 그 사람이 평화롭기를… 그
가 위험에서 벗어나기를… 증오에서 벗어나기를"이라
고 자신에게 했던 그대로 그 사람을 떠올리며 그를 위
해 마음을 보냅니다.

자비관은 혼자 해도 좋지만 가장 좋은 것은 스승을 찾
아 함께하며 배우는 것입니다.

이런 수행을 하면 어떤 좋은 점이 있을까요?

사랑과 자비의 수행을 규칙적으로 실천하다 보면 자신에게 변화가 일어나고 있는 것을 알게 될 것입니다. 자기 자신을 받아들이고 용서하게 됩니다.

사랑하고 싫어했던 사람들에 대한 감정이 변하는 것을 느낄 수 있습니다.

무관심했고 그다지 관심을 두지 않았던 사람과 친구가 되기도 하고 싫어했던 사람에게 가졌던 미움과 적개심이 누그러지며 사라지는 것도 목격하게 될 것입니다. 주변에 누군가가 아프거나 불행에 빠져있다면 그를 당신의 자비수행에 포함시켜 보십시오.

진정으로 그를 위해 자비의 마음을 보내면 색다른 경험을 하게 될 것입니다.

어떻게 그런 일이 가능합니까?

인간의 마음은 개발되면 아주 강력한 도구가 됩니다.

자신의 정신적인 에너지를 한데 모아서 다른 사람을 향해 방사하는 법을 배우면 그 에너지는 타인에게 영향을 미칩니다.

누구나 그런 경험이 있을 것입니다.

사람들과 같은 공간에 있는데 누군가 자신을 쳐다보고 있는 것 같은 느낌이 들 때 말입니다.

그런 때 주위를 둘러보면 자신을 바라보고 있는 사람이 분명히 있습니다.

이건 자신이 그 사람의 정신적인 에너지를 수신한 것과 똑같습니다.

자비관 수행은 바로 이런 것입니다. 긍정적인 마음, 좋은 에너지를 타인에게 투사하면 그들에게 좋은 영향을 줍니다.

다른 수행법도 있나요?

몇 가지가 있습니다만 가장 대중적이고 중요한 것이
"사띠파타나satipattana 위빠싸나vipassana"입니다.
사띠파타나 위빠싸나는 '주의를 기울여서 안을 본다'
또는 '꿰뚫어 본다'는 의미로 통찰수행이라고 합니다.

설명해주시겠습니까?

사띠파타나 위빠싸나 수행을 하는 사람은 몸과 마음
에서 일어나는 현상을 있는 그대로 알아차립니다.
지금 현재 일어나는 상황에 대해 생각하거나 반사적
으로 행동하지 않고 객관적으로 통찰하는 것입니다.

통찰의 목적이 무엇입니까?

사람들은 어떤 경험을 하면, 즉각적으로 좋다거나 싫
다는 반응을 합니다.

또는 그 경험이 연상시키는 생각, 기억에 빠집니다. 이런 과정으로 인해 사건을 사실과 다르게 왜곡합니다.

지금 현재를 그 자체로 알아차릴 수 있게 되면 자신이 생각하고 말하고 행동하는 것을 다르게 이해하게 되고 태도에 변화를 가져옵니다.

자기를 바로 알게 되면 새로운 삶, 이전보다 더 나은 인생을 살게 됩니다.

그리고 통찰 수행을 지속하면 자기 자신과 경험을 분리해서 볼 수 있게 됩니다.

일상에서 부딪히는 자극과 유혹에 즉시 반응하지 않고 한 걸음 떨어져서 현명하게 선택하여 행동하게 됩니다.

나아가 자기 인생을 컨트롤할 수 있게 되는데 자신을 컨트롤하는 힘은 강철 같은 의지로 되는 것이 아니라 사띠파타나 위빠싸나 수행을 지속하면 자연스럽게 얻게 됩니다.

사띠파타나 위빠싸나 수행을 하면 더 나은 사람이 되고 행복한 삶을 살게 된다는 것으로 이해하면 되나요?

그렇습니다. 그러나 불교 수행은 더 높은 목표가 있습니다.

수행이 깊어지고, 집중과 사띠라는 알아차리는 능력이 개발되면 수행자는 '나'라는 실체가 없다는 진실을 알게 됩니다.

몸과 마음을 형성하는 모든 현상들은 자연의 법칙에 따라 작용하는 현상이며, 자신이 현상을 만드는 것도 경험하는 것이 아니라는 사실을 깨닫게 됩니다.

수행을 할수록 집중과 통찰력이 강해지는데 강해질수록 나라는 실체가 없다는 것이 선명해집니다.

'나'라는 실체가 없다 하니 무섭게 들립니다.

수행을 하며 처음 이 사실을 경험하면 두려움을 느끼는 사람들도 있습니다.

하지만 곧바로 자각이 일어납니다.

지금까지 내가 생각하던 나, 그런 나는 실재하지 않는다는 진실을 알게됩니다.

그때부터 "내가", "나에게", "내 것"이라고 개념을 만들던 에고ego가 서서히 약해지게 되는데 결국에는 없어집니다.

이 상태를 경험하면 세상을 보는 시각이 뒤바뀌고 태도가 바뀌고 인생이 바뀝니다.

세상의 모든 다툼, 개인과 개인, 종교와 종교, 국가 대 국가, 사회적 국제적, 모든 다툼의 본질이 에고에 기인합니다.

나, 내 가족, 내 인종, 내 나라가 부당하게 취급받거나 모욕 당하거나 위협 받으면 "내 것인데 감히!" 하고 분노하는 마음이 일어납니다. 이런 현상은 '나'의 진실

이 사람들은 '나'라는 생각에 사로잡혀 '남(他)'이라는
관념에 끄달리고 있다. 어떤 사람들은 그것을 잘 알지 못하
여 그것이 서로를 다치게 하는 화살임을 깨닫지 못한다.

을 모르는 사람들에게는 자연스럽습니다.

그러나 수행을 해서 에고, 즉 자아의 진실을 보고 붓다가 발견한 무아無我, 즉 '나'의 실체없음의 진실을 알게 되면 우리는 진정한 평화와 행복을 만나게 됩니다. 이것이 바로 불교 수행이 지향하는 것이며 깨달음입니다.

흥미롭고 놀랍습니다. 그렇다면 자아의 실체를 아는 사람들은 자아의 개념, 소유의 개념 없이 어떻게 사나요?

그런가요. 그런 사람들은 반대로 이렇게 물을 겁니다.

실체가 없는 자아의 개념을 부여잡고 세상을 어떻게 사나요?

화, 두려움, 질투, 슬픔, 자만과 같은 힘든 감정들을 끌어 안고 불편해서 어찌 사나요?

경쟁에서 앞서기 위해, 더 많이 가지기 위해 남을 속이고 괴롭히고 이미 가진 것은 잃을까 두려워 아둥바둥대는 삶이 지긋지긋하지 않나요?'

무아, 나 실체없음의 진실을 본 사람들은 자유로운 인
생을 삽니다.

지금의 모든 고통이 나에 대한 잘못된 이해에서 비롯
된 행동의 결과라는 사실을 깨닫습니다.

삶을 대하는 태도, 살아가는 방식이 달라집니다.

반면에 '나'라는 실체가 없는 무아의 진실을 모르는 사
람들은 고통 속에서 벗어나기 위해 또다른 더 큰 고통
을 만들며 살아갑니다.

깨달으려면 수행을 얼마나 오래 해야 하나요?

그걸 어떻게 말할 수 있겠습니까. 먼저 사띠파타나 위
빠싸나 수행을 시작해서 수행이 당신을 어디로 데려
가는지 보십시오.

불교 수행을 하면 반드시 삶의 질이 향상됩니다.

그러면 자연히 수행을 더하게 되고 불교에 대해 깊이
있게 알고 싶어집니다.

시간이 지나서 보면 이것이 인생에서 반드시 해야 하

는 가장 중요한 일이었다는 것을 깨닫게 될 것입니다.

처음 수행을 시작하면서 높은 단계의 경지에 대해 고민하지 마십시오.

모든 것이 그렇듯이 수행도 '스텝 바이 스텝step by step' 한번에 한 걸음씩입니다.

수행을 하는 데 스승이 필요합니까?

스승이 절대적으로 필요한 것은 아닙니다만 수행에 아주 익숙한 누군가의 지도를 받는다면 훨씬 도움이 됩니다.

그러나 불행히도 일부 스님들이나 사람들이 자기가 뭘 하는지도 모르면서 수행지도자 행세를 하고 있습니다.

실라sīla, 계행가 분명하고 도덕성과 인격을 갖추고 있고 사람들에게 인정받는, 무엇보다도 붓다의 가르침에 충실한 스승을 만나야 합니다.

현대에는 불교 수행이 의사나 심리학자들과 같은 사람들의 경제적 이익을 위해 이용되고 있다고 합니다. 사실인가요?

그렇습니다.

수행은 이제 정신 치료에 아주 효과적인 것으로 의사나 심리학자들이 인정하고 있습니다.

전문적인 정신치료사들이 환자의 긴장을 이완시키고 공포를 극복하게 하며 자기 성찰을 하도록 불교 수행을 이용하고 있습니다. 인간에 대한 붓다의 통찰은 당시나 지금이나 많은 사람들에게 큰 도움이 되고 있습니다.

마음으로 곳곳을 찾아다녀도 어디에도 자신보다
사랑스러운 것을 만날 수 없다. 자신이 사랑스럽다는 이치는
다른 이에게도 또한 그러하다.

〈자비경Karaṇīya-metta-sutta〉

행복과 마음의 고요를 찾는 자
마땅히 이러할지니
유능하고 정직하며
고운 말에 부드럽고 겸손할지라.

바라는 것 적어 공양하기 쉽고
단출하고 검소하며
감관感官은 흔들림 없이 고요하여
거칠거나 세속 일에 연연치 않네.

슬기로운 이가 나무랄 일은
그 어떤 것도 하지 않으니,
오직 간절히 빌 뿐 복되고 평안하시라!
온 생명 부디 행복하시라!
숨 쉬는 거라면 무엇이건
약한 것, 강한 것 모두 다
긴 것, 큰 것, 중간 것, 짧은 것

가늘거나 굵거나 남김없이

보이거나 안 보이거나
가깝거나 멀거나
이미 있는 것, 앞으로 태어날 생명까지도
모두 행복할지라!

남들 속이지 말라, 얕보지 말라
언제 어떤 일로도
홧김에 또는 오기를 부려
남 불행해지기 바라지 말라.

마치 어머니가 하나밖에 없는 아들
목숨으로 감싸듯
모든 생명을 향해
가없는 연민을 키워나가라.

온 세상 자비로 가득 채우리라는
큰 마음 품을지니

위, 아래 그리고 가로질러
미움이나 악의도 없이

서서나 걸을 때나
앉아서나 누워서나
성성하게 정념正念을 챙기라
그 성스러운 자리

어떤 견해도 고집하지 않으며
덕德과 지혜智慧를 갖춘 사람
욕망을 다스리는 사람
다시는 태 속에 들지 않으리!

《숫타니파타》143-152〈자비경〉

CHAPTER 7

지혜와 자비심

지혜는 무엇이고 자비는 무엇입니까?

불교만이 아니라 다른 종교도 자비와 사랑(이 두 가지는 아주 유사하다)이 가장 중요한 영적인 속성이라고 믿고 있습니다.

그러나 진리를 보는 지혜의 눈을 뜨기 위해서는 무엇을 어떻게 해야 하는지에 대한 것은 불교에만 있습니다.

지혜가 없다면 마음만 착해지고 진실을 보지 못하는 바보가 되고 맙니다.

불교는 완전한 인간, 완벽한 개체가 되기 위해 자비뿐만이 아니라 지혜가 있어야 한다고 가르칩니다.

불교에서 가장 중요시하는 지혜는 무엇입니까?

최고의 지혜는 현실세계에서 일어나는 모든 현상들이 불완전하고 순간적이며, 변하고 있고 그렇기 때문에 고정불변체인 영혼이나 자아가 없다는 진실을 아는 것입니다.

이것에 대한 깨어남은 완전한 자유, 열반이라는 최고의 행복과 안전으로 이끕니다.

붓다는 열반이 무엇이라고 자세히 설명하지 않았습니다.

4차원의 세계는 2차원의 언어로 설명이 어렵고, 설명한다 해도 왜곡이 생기고, 시비분별이 일어납니다.

붓다는 열반을 설명하려고 않고 팔정도, 즉 열반을 경험할 수 있도록 로드맵road map 을 제시합니다.

누군가의 말을 맹목적으로 믿는 것은 지혜가 아닙니다. 지혜는 자신의 바른 노력으로 직접 보고 경험한 것이어야 합니다.

지혜는 열린 마음 상태로 객관적으로 듣고 보고 판단

몸에 대해 더럽다고 관하고, 호흡을 세며 정진하는 사람은
모든 것이 고요하다는 것을 항상 본다.
올바르게 본 수행자는 그 때문에 해탈을 얻어 뛰어난 능력을
깨달은 착한 사람, 번뇌의 구속을 뛰어넘은 성자이다.

하는 것입니다.

자기 주관적 수동적으로 받아들인 생각을 바른 견해로 만들어가는 것이 지혜입니다.

자기의 생각과 다르지만 사실로 밝혀질 때 자신의 잘못된 이해를 인정하는 것입니다. .

누군가 말하는 것을 믿는 것은 쉽습니다.

그러나 직접 보고 체험하기 위한 길은 용기와 인내를 필요로 합니다.

이렇게 할 수 있는 사람만이 지혜가 완성되어 진실에 도달할 수 있습니다.

이렇게 할 수 있는 사람은 아주 소수라고 생각됩니다. 소수만이 실천할 수 있다면 무슨 의미가 있을까요?

모든 사람이 다 불교를 받아들일 준비가 되어 있는 것은 물론 아닙니다

현생에서 그 진리를 이해할 능력을 가지지 못했지만 다음 생에서는 가능할 수도 있습니다.

그러나 용기를 가지고 진리로 다가가는 사람들도 분명 있습니다.

붓다의 제자들은 자신의 깨달음을 다른 사람에게 전하기 위해 강요하거나 서두르지 않습니다.

타인을 배려하고 자비심으로 사는 삶 그 자체로 이미 전하고 있는 것입니다.

붓다는 자비심으로 모두를 대했습니다.

그렇듯이 붓다의 제자들 역시 다른 이들에게 강제하거나 강요하지 않고 자비심으로 조용히 다가갑니다.

자비가 무엇인지 조금은 알 거 같습니다만 불교에서 자비심은 구체적으로 무엇입니까?

불교에서 지혜는 '나'에 대한 바른 이해를 가지게 하고 열반으로 이끌게 합니다.

자비는 인간의 본성 중에서 고귀하고 수승한 감성적인 부분을 총 망라하는 것입니다.

지혜처럼 자비도 인간만이 가지는 독특한 속성입니다.

자비심을 가리키는 영어 단어 compassion은 '…함께'를 뜻하는 'co'와 '열정'을 의미하는 'passion'으로 합성된 단어입니다.

이것이 자비의 뜻입니다.

자비심은 걱정이 있어 힘들어하는 사람을 보면 그 사람의 고통이 마치 자기 일처럼 다가옵니다.

그래서 어떻게든 도움이 되어 그 사람의 고통이 해소되도록 노력합니다.

마음으로라도 진심으로 그 사람이 고통에서 벗어나 행복하도록 기원합니다. 이것이 바로 자비compassion입니다.

서로 나누고 위로하고 동정하고 관심을 갖고 돌보고자 하는 인간 최고의 성품들이 완성에 이른 것이 붓다의 품성이며, 자비compassion입니다.

불교 수행을 하면 자비심이 개발되고 자비심의 깊이만큼 자비행으로 드러납니다.

타인을 배려하고 사랑하는 자비심 넘치는 사람을 보십시오.

자기 자신에 대한 사랑과 타인에 대한 연민이 뿌리에 있습니다.

인간은 자신을 진정으로 이해할 수 있을 때 진정으로 남을 이해할 수 있습니다.

자신에게 무엇이 최선인지를 알 때, 타인에게 무엇이 최선인지도 알 수 있습니다.

자신을 위할 때, 다른 사람을 위할 수 있습니다.

불교에서 보는 개인의 영적인 성숙과 발전은 타인의 안녕에 대한 관심과 배려 속에서 피어나는 것입니다.

붓다의 삶 자체가 이를 극명하게 보여주고 있습니다.

사물을 환히 알기 위해, 두루 알기 위해, 열반에 깊숙이
들어가기 위해, 깨끗하여 번뇌로 애태우지 않는 행을
저 세존께서는 가르치신다.

붓다는 자신의 깨달음을 위해 6년의 시간 동안 난행고
행難行苦行하였지만 아무 조건없이 인류를 위해 그 깨침
을 나누었습니다.

자신을 먼저 돌보고 난 다음에 다른 이를 도울 수 있다고 했는데 이건 이기적인 게 아닌가요?

자신보다 다른 사람을 생각하고 염려하는 것을 이타
적이라 하고, 자기만 생각하는 것은 이기적이라고 합
니다.

불교는 이기적, 이타적과 같은 양자택일의 태도로 세
상을 바라보지 않습니다. 오히려 두 가지를 혼합으로
보는 게 더 타당할 듯합니다.

순수한 자기연민은 타인도 나와 같다는 인식을 하게
되고 타인에 대한 연민으로 성숙해질 것입니다.

자기와 타인을 동일시하고 행동하는 것이 진정한 자
비이며 붓다의 가르침에서 가장 아름답게 빛나는 보
석입니다.

CHAPTER 8
채식주의

불교인들은 채식주의자가 되어야 합니까?

그렇지는 않습니다.

붓다는 채식주의자가 아니었습니다. 제자들에게 채식만을 하라고 가르치지도 않았고 오늘날 훌륭한 불교인들 중 상당수는 채식주의자가 아닙니다.

> 거칠거나 무자비함, 남을 험담하는 것, 친구를 해치는
> 것, 냉혹함, 거만함, 탐욕으로 인해 사람은 더럽혀진다.
> 고기를 먹는다고 사람이 더럽혀지지 않는다.
> 부도덕한 행동, 빚을 갚지 않는 것, 속임수,
> 이간질로 인해 사람이 더럽혀진다.
> 고기를 먹는다고 사람이 더럽혀지지 않는다.
>
> 《숫타니파타》247

살아 있는 생명을 함부로 죽이며 남의 것을 빼앗고 짓밟는
자, 그 성질이 광폭하고 무례한 자, 이것이 바로 불결한
음식이다. 육식이 결코 불결한 음식이 아니다.

하지만 육식을 하게 되면 특정한 생명체의 죽음에 대해 간접적으로 책임이 있는 게 아닌가요? 그것은 살생을 금하는 불살생계를 어기는 것이 아닙니까?

육식을 하게 되면 간접적으로 그리고 부분적으로 생명체를 살생한 책임을 지게 됩니다.

그러나 이것은 채소만 먹는다고 해도 마찬가지입니다.

농부는 채소를 기르면서 농약과 살충제를 뿌립니다.

그래서 내 식탁 위에는 벌레 먹지 않은 신선한 채소가 올라옵니다.

동물이 죽으면 그 가죽은 벨트나 핸드백이 되고 지방질은 비누로 만들어집니다.

동물들이 죽어 남긴 것들은 수천 가지의 상품으로 만들어집니다.

때문에 다른 생명체의 죽음에 직간접적으로 빚을 지지 않고 살기는 불가능합니다.

우리가 살고 있는 세계는 반드시 다른 것이 죽어야만

이 내가 살 수 있도록 설계되어 있기 때문입니다.

내가 죽으면 다른 것들에게 이익이 되고 다른 것이 죽어야만 내가 살아갈 수 있는 구조입니다.

그래서 내가 살아있는 한 간접적으로라도 영향을 받지 않을 수는 없습니다.

이 부분에서 네 가지 고귀한 진실 중 첫 번째 고통 dukkha이라는 진실이 떠오릅니다.

모든 생명체 존재하는 것들은 고통이라는 진리 말입니다.

붓다는 의도하지 않은 행위에는 과보가 따르지 않는다고 했습니다.

살생하지 말라는 계율은 죽이는 것에 대해 직접적인 책임이 있는, 의도가 있는 해침을 말합니다.

불교에서 분명히 하는 것은 낚시나 사냥 등과 같은 직접적인 살생을 하지 말라는 것입니다.

반드시 그런 행위에 대해 상응하는 과보가 따르고 감내하기 힘든 댓가를 치루어야 하기 때문입니다.

붓다께서 상한 돼지고기를 먹고 돌아가셨다고 들었는데, 정말 그런가요?

경전에서 붓다가 마지막에 드신 요리가 '수까라 맛다와sukara maddava'라고 합니다.

이 말은 현재 인도에서 사용되지 않습니다만 '수카라 sukara'가 돼지를 뜻하기 때문에 돼지고기일 것이라고 추정하는 사람들이 있습니다. 하지만 이 단어는 특정 야채를 가리키기도 하고 빵을 뜻하기도 합니다.

붓다께서 수카라 맛다와라는 음식을 먹고 난 후에 열반에 들었기에 사람들은 그 음식이 원인이 되어 붓다께서 열반에 들게 되었다고 생각했습니다. 하지만 붓다께서 열반에 들 당시의 나이가 82세였습니다.

죽음의 가장 큰 원인은 음식이 아니라 늙음의 절정인 노환입니다. 몸이 있으면 붓다도 역시 늙음과 병듦과 죽음을 피할 수 없다는 법法을 드러내고 윤회의 싸이클에서 벗어나 다시는 몸을 받지 않는 완전한 열반, 즉 빠리닙바나parinibbāna에 들었습니다.

CHAPTER 9
행운과 운명

붓다는 마술이나 예언에 대해서 어떻게 가르칩니까?

붓다는 예언이나 부적, 점을 보고 굿을 하는 행위를 미신이라고 했습니다.
뿐만 아니라 제자들에게는 그런 행동을 하지 못하도록 금했습니다.
그런 것들을 '좋지 않은 기교'라고 했습니다.

> 수행자는 예언하고 점을 보고 행운을 오게 한다는 부적을 사용하면 안 된다.
> 그런 잘못된 생계수단은 멀리 해야 한다.
>
> 《장부》 1 〈범망경〉

그런데 왜 사람들은 그런 것에 혹할까요?

욕망, 두려움, 무엇보다 무지無知, 어리석어서 그렇습니다.
붓다의 가르침을 바르게 이해하면 부적 같은 것보다
자비심을 베풀고 실라sīla, 오계五戒를 지니는 것이 자신
을 더 안전하게 보호해준다는 것을 깨닫게 됩니다.
더 이상 그런 샤머니즘적인 것에 유혹되지 않습니다.
붓다는 자신을 보호하고 진정한 행복을 가져오는 것
은 미신적인 것들이 아니라 정직, 친절, 이해, 인내, 용
서, 관용, 성실과 같은 덕목들이라고 합니다.
무엇보다도 부처님의 가르침佛法을 실천하는 사람들
은 가르침의 보호를 받는다고 합니다.

몸은 여기에 있는 것이 아니고, 내 몸이라고 할 수 없다.
또한 몸은 지금부터 없을 것이고, 내 몸 또한 지금부터 없을
것이다. 바로 이렇게 몸에 대한 바른 생각이 언제나 한곳에
머문다면 그는 삼매의 경지에 들며, 때가 되면 몸에 대한
집착을 뛰어넘으리라.

그렇지만 행운의 부적이 효과를 보는 경우도 있지 않습니까?

행운을 가져온다는 부적을 팔면서 생계를 유지하는 사람을 알고 있습니다.

그 사람은 부적이 좋은 운과 번영을 가져다준다고 말합니다. 하지만 그게 사실이라면 왜 그 사람이 먼저 백만장자가 되지 않는 걸까요?

만약 그 부적이 실제로 효험이 있다면, 그 자신이 매번 복권에 당첨이라도 되어야 하는 것 아닙니까?

생각하기에 그 사람에게는 행운이 한 가지 있는데 그런 부적을 사주는 어리석은 사람들이 있다는 것입니다.

그럼 실제로 행운이라는 건 있습니까?

행운의 사전적 정의는 "어떤 일이 일어나든, 그것이 좋은 일이건 나쁜 일이건 우연 또는 행운, 운명이나 숙명 때문에 일어났다고 믿는 것"입니다 붓다께서는 그렇지 않다고 합니다. 그 사람들은 카르마, 인과의 법칙이 작용하고 있는 것을 몰라서 그렇다고 합니다.

모든 것에는 반드시 원인이 있고, 원인과 결과의 인과 관계가 작용하고 있습니다.

몸에 병이 들면 병이 든 원인이 있습니다.

원인은 병원균과 접촉이 있고 병원균이 침입할 정도로 신체 면역력이 약해진 것입니다.

이렇듯 병의 원인과 병이라는 결과 사이에는 분명한 인과 관계가 있습니다.

그러나 부적을 몸에 지니고 있다는 것만으로 대학 시험에 합격하고 부자가 되고 행운이 온다고 하는 것은 어리석은 사람들의 비뚤어진 욕망입니다.

행운을 객관적으로 입증할 수 있는 어떤 것도 없고 불교에 우연은 없습니다.

어떤 원인이 어떻게 작용해 현재의 결과가 되었는지 모를 뿐입니다.

붓다는, 과거 생에 지은 것을 지금 받기도 하고, 지금

커다란 바위처럼 마음이 굳건한 자는 흔들리지 않는다.
더러운 것에 물들지 않고 화를 일으키는 것에도
화내지 않는다. 이처럼 수행된 마음을 가진 자에게 어디서
고통이 찾아오겠는가.

짓고 지금 받기도 하고, 지금 짓고 5년 10년 후에 받기도 하고, 다음 생에 받기도 한다고 합니다.

원인이 있으면 반드시 결과가 따릅니다. 붓다는 카르마의 법칙을 발견했습니다. 인과에 시차는 있지만 오차는 없습니다.

붓다께서는 행복과 행운을 불러오는 38가지 행동을 〈최상의 행복경〉에서 정의하고 있습니다.

무엇이 진정한 행복과 행운을 불러오는 것인지 음미해 보십시오.

〈최상의 행복경Mahāmaṅgala-sutta〉

이와 같이 나는 들었다. 세존께서 사위성 기원정사에 머무
실 때였다. 이슥한 밤, 무리의 천신들이 세존께 다가와 예
를 올리고 한쪽에 물러서서 게송으로 여쭈었다.

"자고로 많은 신과 인간들이 저마다 행복을 궁리해왔습니
다. 안락을 갈망하는 우리들께 최상의 행복에 대해 설하여
주소서!"

"어리석은 자들과 어울리지 않으며, 슬기로운 이들과 사귀
는 것, 공경할 만한 이를 섬기는 것, 이게 바로 으뜸가는 행
복이라네.

적절한 곳(나라)에 살며, 이전에 쌓은 공덕으로 바른 서원 굳
게 세우니, 이게 바로 으뜸가는 행복이라네.

널리 배우고 익힌 기예 잘 닦아 절제하며, 좋은 말 좋게 말
하는 사람, 이게 바로 으뜸가는 행복이라네.

부모님 잘 봉양하고, 처자식을 보호하며, 하는 일 어지럽
게 얽히지 않으니, 이게 바로 으뜸가는 행복이라네.

보시하고, 법(法, 진리와 정의)을 행하는 사람, 친지들 잘 거두
고, 책잡힐 일 없으면 이게 바로 으뜸가는 행복이라네.

삿된 일 멀리하고, 마실 것 삼가며, 바른 법法 안에서 방일하지 않으니 이게 바로 으뜸가는 행복이라네.

공손하고 겸손하며, 만족과 고마움을 알며, 때때로 법문을 들을 수 있는 것, 이게 바로 으뜸가는 행복이라네.

인욕하고 부드러우며, 사문沙門들 친견하며 법法을 논論하니, 이게 바로 으뜸가는 행복이라네.

고행(苦行, tapa)과 범행(梵行, brahmacariya)을 닦고, 성스런 가르침 만나, 열반 증득하니, 이게 바로 으뜸가는 행복이라네.

세상일 부딪힘에 마음 흔들리지 않으며, 속 끓이지 않고, 번뇌 없이 안온安穩하니, 이게 바로 으뜸가는 행복이라네.

이렇게 해 마친 사람, 그 어떤 것으로도 이길 수 없고 어디에 가도 평안하리니, 최상의 행복이 바로 그들의 것이라!"

《숫타니파타》 2.4 〈최상의 행복경〉

CHAPTER 10

불교인이 되는 것

감명 깊고 흥미롭습니다. 그렇다면 붓다의 제자가 되려면 어떻게 해야 합니까?

붓다 당시에 우빨리Upali라는 사람이 있었습니다.
이교도의 지도자였던 그는 붓다와 논쟁해서 붓다를 개종시키겠다는 마음을 품고 붓다에게 갔습니다.
그러나 붓다를 만나고 깊은 감명을 받아서 붓다의 제자가 되겠다고 합니다.
그러자 붓다는
"붓다의 말이라도 확실하고 철저하게 조사하고 검토해보아야 한다.
특히 그대처럼 잘 알려진 사람은 신중히 행동하는 것이 바람직하다."라고 했습니다.

나는 '철저하게 조사하고 검토해서 신중하게 행동해야 한다고 충고하는 붓다에게 더욱 존경심이 일었다.
만일 다른 사람이었다면 온 마을을 돌아다니며 다른 종교지도자 '우빨리가 자신에게 귀의했다'고 떠벌리고 다녔을 것이다.

《중부》 56 〈우빨리경〉

우빨리는 진심으로 붓다에게 귀의를 했습니다.

불교는 무엇보다도 이해가 중요합니다.

그리고 모든 게 그렇듯이 이해하는 데는 시간이 필요
합니다.

충동적으로 불교를 받아들이지 마십시오.

시간을 가지고 깊이 사유하고 난 다음에 결정해도 늦
지 않습니다. 붓다는 얼마나 많은 제자를 두느냐 하는
숫자에 관심이 없었습니다.

불교를 탐구하고 사유하여 확신이 서면 귀의하십시오.

삼보三寶 는 무엇입니까?

삼보三寶, ti–ratana는 의지처三歸, ti–saraṇa입니다.

의지처는 사람들이 힘들고 보호받고 싶을 때 의지하는 곳인데 의치처에는 여러 가지가 있습니다.

사람들은 자신이 불안하고 불행하다고 느낄 때 무언가에 의지하고 의지할 곳을 찾습니다

그러나 보통 사람들은 무엇이 진정한 의지처인지를 모르기에 대부분 잘못된 것을 의지합니다.

그래서 믿기만 해도 천국에 간다는 말에 쉽게 의지하기도 합니다.

그러나 이런 것들은 무조건적인 믿음 외에는 확신을 줄 수 없기 때문에 진정한 의지처라고 할 수 없습니다.

> 불 · 법 · 승, 삼보에 귀의하고 바로 이해하는 사람 사
> 성제를 본다
> 고(苦), 고의 원인, 고의 소멸
> 고의 소멸을 이끄는 팔정도

이게 바로 제대로 된 의지처이다.

거기 들어간 사람

모든 고苦로부터 벗어나리.

《법구경》 190-192

붓다에 의지하는 것은 붓다처럼 깨달음을 얻을 수 있
다는 사실을 확신하고 받아들이는 것입니다.

부처님의 가르침(佛法, dhamma)에 의지하는 것은 사성
제를 바로 알아 팔정도의 길을 따라 산다는 것입니다
승가를 의지한다는 것은 팔정도의 길을 걷는 사람들
에게 인도를 받는 것입니다.

진흙구덩이를 뛰어넘고, 탐욕의 형벌을 이겨내고,
어리석음을 모두 멸하여, 고통과 즐거움에 흔들리는 일이
없는 그 사람이야말로 수행자이다.

삼보를 의지하면 인생에서 달라지는 것이 있습니까?

지난 2,500년 동안 붓다를 따랐던 무수한 사람들처럼 나도 붓다의 가르침의 진실을 알게 되었습니다.

불교는 무미 건조하던 내 삶에 의미를 부여했습니다.

인간적이고 자비로운 윤리관을 받아들이니 그에 부합하는 삶을 살게 되었습니다.

뿐만 아니라 어떻게 하면 다음 생에는 더 청정하고 온전한 삶을 살 수 있는지에 대한 진실도 알게 되었습니다.

고대 인도의 시인은 붓다에 대해 이렇게 읊었습니다.

"내가 붓다를 의지하는 것, 그를 칭송하고 경배하는 것, 내가 붓다의 가르침 안에서 머무는 것은 오랜 시간 성찰을 통해 깨달은 분명한 이해에서 나오는 행동이다"

이 말에 전적으로 동감합니다.

친구 중에 자신의 종교로 나를 인도하려는 친구가 있습니다. 물론 나는 그 친구의 종교에 관심이 없다고 말했습니다. 그런데 여전합니다. 어떻게 하면 좋을까요?

분명히 하고 싶은 것은 그 친구는 진정한 친구가 아니라는 사실입니다.

진실된 친구는 친구는 뜻을 존중합니다.

그 친구는 친구를 가장하고 당신을 자기 종교로 인도하려고 하는 것입니다.

자신의 생각을, 특히 종교적인 신념을 강제하고 강요하는 사람을 친구라고 할 수는 없습니다.

그 친구는 나를 진정한 친구로 생각하기에 종교 생활을 같이 하고 싶다고 합니다.

종교 생활을 친구와 같이 하는 것은 좋은 일입니다.

그러나 그 친구는 같이 하는 것과 강제하고 강요하는 것의 차이를 모르는 것 같습니다.

사과가 있는데 당신에게 반을 주겠다고 할 때 나의 제

안을 받아들이면 당신과 나는 사과를 같이 나눌 수 있습니다.

그러나 당신이 감사합니다만 생각이 없다고 하는데도 내가 계속해서 강요한다면 사과를 나눈다 해도 마지못해 받을 것입니다.

그러나 이것을 나누는 것이라고 할 수 없습니다.

당신의 '친구'는 '공유', '사랑'이라는 그럴듯한 수식어로 자신의 잘못된 행동을 가리고 있습니다. 그 친구의 행동은 절대로 옳지 않습니다.

어떻게 그만두게 할 수 있을까요?

당신이 원하는 것이 무엇인지 확실히 하십시오. 그 친구가 이 문제에 대한 당신의 생각을 묻거나 "같이 종교 모임에 가자."라고 제안하면 단호하게 말하십시오.

"초대해주어서 고맙지만 가고 싶지 않아."

"왜 못 가?"

"내 마음이지. 가고 싶지 않아."

"그곳에는 훌륭하고 좋은 사람들이 많아."

"그렇겠지. 하지만 안 가겠어."

"나는 너를 생각하고 위하고 사랑하기에 초대하는 거야."

"고마워. 하지만 나는 가지 않겠어."

우유부단하지 않고 분명하게 더 이상 논하고 싶지 않다는 뜻을 밝히면 포기할 것입니다.

물론 이렇게까지 해야 하는 것이 참 유감입니다만, 자신의 신념을 강요하는 친구에게 그래서는 안 된다는 것을 깨닫게 해주는 것도 중요합니다.

불교도 다른 종교처럼 사람들을 위해 전도해야 합니까?

물론 그렇습니다.

그러나 불교인들은 나눔과 강요의 차이를 분명하게 알고 있습니다.

누군가 불교에 대해서 질문하면 대답해줍니다.

상대가 묻지 않아도 말할 수 있지만 불교는 상대가 관

심 없는 태도를 보이면 그 뜻을 존중합니다.

불교는 그럴듯한 설교보다 바른 행동으로 그 사람이 느끼도록 하라고 합니다.

불교를 진심으로 나누고 싶은 친구가 있다면 친절하고 자비롭고 정직한 태도를 보여주십시오.

자신의 말과 행동에서 붓다의 가르침이 느껴질 수 있도록 말입니다.

깨달으려면 반드시 출가를 해야 하나요?

출가하지 않아도 깨달을 수 있습니다.

붓다 당시 최고의 제자 중에는 남녀 재가자들도 있었습니다. 어떤 사람은 스님을 가르칠 정도로 수준이 높았습니다.

가사를 수(垂)했다, 청바지를 입었다, 절에 산다, 집에 산다, 하는 것은 중요하지 않습니다.

어떤 사람에게는 절이 도움이 되고 다른 사람에게는 집이 도움이 될 수도 있습니다.

깨달음은 절에 있는 것도 산에 있는 것도 아닙니다

깨달음은 깨닫는 자의 것입니다. 달리 보면 세상은 깨닫게 하는 배움터이며 공부터입니다.

출가는 깨달음을 얻기 위해 가장 좋은 환경 속으로 가는 것입니다.

알맞은 장소에 살며 좋은 일을 힘써 하는 것, 그리고 자신을
갈고 닦기에 온힘을 쏟는 것, 이것이 더없는 행복이다.

스님이 되면 좋겠습니다. 그런데 모든 사람이 출가를 해서 스님이 되면 어떻게 하나요?

모든 직업을 그렇게 말할 수 있습니다.

"치과 의사가 되면 좋겠습니다.

하지만 모든 사람이 치과의사가 되면 어떻게 하나요?

그러면 교사도 없고 요리사도 없고 택시 운전사도 없을 텐데요"

"교사가 되면 좋겠습니다.

하지만 모든 사람이 교사가 되면 어떻게 하나요?

그러면 의사도 없고 아프면 어떻게 하나요?"

붓다께서는 모든 사람에게 출가하라고 하지 않았고 결코 그럴 일도 없을 것입니다.

하지만 속세를 떠나서 출가의 삶을 사는 사람은 붓다 이전에도 있었고 앞으로도 항상 있을 것입니다.

치과 의사, 교사가 세상에 이바지하는 것처럼 출가자도 그들의 방식으로 세상에 이바지합니다.

종교마다 경전이 있는데 불교에는 어떤 경전이 있습니까?

불교 경전은 삼장三藏, ti-piṭaka이라고 부릅니다.

고대 인도 마가다국의 언어인 빨리어pali語로 쓰여졌는데 이 빨리어는 붓다가 사용했던 언어입니다.

삼장의 양은 매우 방대해서 흔히들 8만 4천의 법문이 있다고도 말합니다.

삼장三藏, ti-piṭaka은 무슨 뜻입니까?

삼장三場을 뜻하는 빨리어 띠-삐따까ti-piṭaka는 3을 뜻하는 '띠ti'와 바구니, 광주리, 창고라는 뜻의 '삐따까piṭaka'가 합쳐진 말입니다. 한자로 옮긴 삼장三場도 3三과 창고, 저장하다는 뜻의 장藏이 합쳐진 말입니다.

불교 경전은 크게 경장, 율장, 논장의 세 종류로 나뉩니다.

먼저, 경장(經藏, 숫따-삐따까Sutta-piṭaka)은 붓다의 모든 가르침과 깨달은 제자들의 설법을 담고 있습니다.

경장에서 붓다는 다양한 성향의 사람들에게 가장 적합한 여러 가지 방식으로 깨달음을 전달하는데 설법 형식도 있고 문답 형식도 있습니다.

법구경(法句經, 담마빠다Dhamma-pada)와 같은 경은 경구가 간단하고 시적詩的입니다.

본생담(本生談, 자따까Jataka)에는 붓다의 여러 과거 생에 대한 이야기가 담겨 있습니다.

본생담은 고대 인도의 힌두설화를 붓다의 과거 생 이

야기로 재구성했는데, 사자나 사슴과 같은 동물들이 주인공으로 등장하는 설화 형식으로 되어 있습니다.

두 번째는 율장(律藏, 위나야-삐따까Vinaya-piṭaka)입니다.

율장은 출가자의 계율을 다룹니다.

붓다가 계시던 불교 초창기의 승가의 질서, 사원원 행정과 절차 등에 대한 것들입니다.

세 번째는 논장(論藏, 아비담마-삐따까Abhidhamma-piṭaka)입니다. 논장은 마음을 깊이 분석하고 분류해놓았습니다.

논(論, 아비담마abhidhamma)은 경(經, 숫따sutta)과 율(律, 위나야vinaya)보다 나중에 만들어졌지만, 붓다의 가르침을 모아 놓은 경經을 보다 잘 이해할 수 있게 도와주는 내용을 담고 있습니다.

한자 장藏으로 옮긴 빨리어 삐따까piṭaka는 바구니, 광주리를 뜻합니다. 고대 인도의 건축 노동자들은 자갈과 흙 같은 자재를 바구니에 담아 운반했습니다.

바구니를 머리에 이고 어느 정도 가서 다음 사람에

게 넘겨주기를 반복했습니다.

붓다 당시에 문자는 있었지만 기록할 종이 같은 것이 발달되지 않았기 때문에 사람들은 직접 기억하는 것을 더 신뢰했습니다.

그리고 종이로 만든 책이 있다 해도 무순 기후의 습한 환경에서는 상하기 쉬웠고 흰개미가 먹어 치울 위험도 있습니다. 하지만 기억은 사람이 살아 있는 한 보존됩니다.

그래서 출가자들은 붓다의 가르침을 외우고 전승하는 데 전념했습니다.

삼장은 붓다의 가르침을 담아 놓은 세 개의 바구니입니다.

이렇게 삼장은 구전으로 700년 동안 전승되다가 B.C.100년 무렵 스리랑카에서 문자로 기록되었습니다.

700년 동안 구두로 이어졌다면 그동안 왜곡되거나 빠진 내용이 있겠는데요.

붓다의 말씀을 온전하게 보전하기 위해 비구와 비구니가 정성을 다해 노력했습니다.

출가자들은 매달 정기적으로 모여서 경전을 함께 낭송했습니다.

함께 합송을 하니 내용을 빼거나 더하는 것이 사실상 불가능했습니다.

상상해 봅시다. 백 명이 모여서 노래를 부를 때 한 사람이 틀리거나 가사를 바꾸면 어떻게 될까요?

다른 사람들이 알게 되고 틀린 사람을 제지합니다.

옛 사람들, 특히 수행에 전념하는 출가수행자들은 기억력이 뛰어났습니다.

그 살아있는 예로 방대한 경전을 지금도 완전하게 암송하는 스님이 있습니다.

미얀마의 밍군Mengong 사야도라는 분인데 기네스북에 세계 최고의 기억력을 지닌 분으로 기록되었습니다.

불교도에게 불교 경전은 어떤 의미인가요?

경전을 절대적이다고 생각하지 않고 신성시하지도 않습니다.

경전에 쓰여 있다 해서 무조건적으로 믿지 않습니다.

그러나 경전은 붓다께서 설명하고 충고하고 이끌고 격려해준 기록이기에 존경하는 마음으로 대하고 숙고하며 읽습니다.

불교는 붓다의 말이라도 그대로 믿고 받아들이지 말고 철저히 조사하고 확인해서 확신이 들 때 받아들이라고 가르칩니다.

때문에 불교인이 경전을 대하는 태도는 과학자가 학술지의 논문을 대하는 태도와 유사합니다.

과학자는 실험을 해서 찾아낸 결과물을 학술지에 게재합니다. 그러면 다른 과학자는 논문을 신중히 읽고 자신이 실험해서 같은 결과를 얻은 후에라야 그 연구물을 받아들이고 인정합니다.

법구경法句經, 담마빠다 Dhammapada에 대해 말씀하신 적이 있는데요, 법구경은 무엇인가요?

법구경의 빨리어 경전 이름은 담마빠다Dhammapada입니다. 담마Dhamma는 법法, 즉 진리를 뜻하고, 빠다pada는 길 또는 말씀이라는 뜻입니다. 그러니까 법구경, 즉 담마빠다는 '진리의 길', '진리의 구절'이라는 의미입니다.

법구경은 삼장 중 첫 번째인 경장에 해당하는데, 그 중에서도 가장 작은 소부小部, 쿠다까-니까야Khuddaka-nikāya에 속합니다.

법구경은 모두 423개의 짧은 시詩로 이루어져 있는데, 함축적이거나 심오하거나 매력적인 비유를 담고 있으며 매우 아름답습니다.

법구경은 불교 경전 가운데 세상에 가장 널리 알려졌습니다. 세계 여러 나라의 언어로 번역되었고, 세계 종교문학의 걸작으로 평가 받고 있습니다.

욕심과 성냄과 어리석음은 그 사람 자신으로부터 생겨난
것이며 나쁜 마음을 품어 사람을 해친다.
마치 열매가 달린 대나무가 저절로 시드는 것처럼.

경전은 바닥에 놓으면 안 되고 높은 장소에
두어야 한다는 말을 들은 적이 있습니다. 경전
을 신성시하는 것 아닌가요?

옛날에는 지금처럼 책을 만들기가 쉽지 않았고 종이
가 금처럼 귀할 때의 관습인데 이 관습이 틀렸다고만
은 할 수는 없습니다.

경전을 아무렇게나 함부로 다루면 안 되겠지요.

하지만 붓다의 가르침이 담긴 경전을 신성하게 여기
고 소중하게 여기는 것은 특별한 장소에 두는 것이 아
니라 경전에 담긴 내용을 실천하는 것입니다.

불교에 여러 종파가 있던데 설명해주시겠습니까?

가장 전성기였을 때 불교는 몽고에서 몰디브까지, 아프가니스탄 북부부터 인도네시아 발리를 비롯하여 아시아 전역에 전해졌습니다. 다양한 문화권에 전파되었습니다.

수세기 동안 인류의 생활상이 변하고 발전하면서 불교도 또한 새로운 변화에 적응하기 위해 그 지역의 문화를 받아들였습니다.

붓다의 핵심적인 가르침은 그대로 보존한 채 각각의 문화를 수용하면서 그 외형은 많이 달라졌습니다.

오늘날 불교는 3가지 종류가 있는데, 테라와다Theravada라 불리는 남방상좌부불교, 마하야나Mahayana라 불리는 북방대승불교, 와즈라야나Vajrayana라 불리는 밀교가 있습니다.

테라와다Theravada 불교는 무엇인가요?

테라와다Theravada에서 테라thera는 장로長老를 뜻하는데, 장로는 출가하여 10년 이상 수행한 비구를 뜻합니다. 그리고 와다vada는 길(道)을 의미합니다.

그래서 테라와다는 장로들이 걸어간 길이라는 뜻을 지니고 있으며, 상좌부 불교라고 옮기기도 합니다.

테라와다는 붓다의 가르침에 대한 가장 오래되고 완전한 기록인 빨리 삼장, 즉 띠-삐따까에 근거를 두고 있습니다.

테라와다는 보수적인 사원 중심의 불교로서, 초기불교의 기본에 충실하고 지금도 붓다 당시처럼 탁발을 하는 등 계율을 엄격하게 지킵니다.

오늘날 스리랑카, 미얀마, 태국, 라오스, 캄보디아의 불교가 테라와다 불교입니다.

마하야나Mahayana 불교는 무엇인가요?

기원전 1세기경 붓다의 가르침 중 일부분을 깊이 탐구하려는 움직임이 있었습니다.

당시 사회의 변화에 맞춰서 불교를 새롭게 해석하여 부흥시키려고 했습니다.

이런 새로운 움직임을 주도하는 모임을 마하야나 Mahayana, 즉 대승大乘 불교라고 불렀습니다.

마하야나는 큰 수레, 즉 대승大乘이라는 뜻으로 불교의 사회적 참여와 실천을 더 강조하는 대중불교 운동으로 시작되었습니다.

결국 시대의 흐름을 타고 마하야나 불교는 거대한 세력이 되었으며 현재는 중국, 한국, 대만, 베트남, 일본 등지에 퍼져 있습니다.

일부 테라와다 불교 사람들은 마하야나가 붓다의 가르침을 왜곡했다고 말하기도 합니다.

그러나 마하야나 사람들은 "모든 것은 변한다."는 붓다의 핵심 가르침을 상기시키며 불교를 새롭게 해석한 것이라고 합니다.

그렇지만 마하야나 불교를 불교가 아니라고 하는 것
은 떡갈나무가 도토리에서 나오지 않았다고 말하는
것과 같습니다.

히나야나Hinayana라는 말을 들은 적이 있습니다.
무슨 뜻인가요?

마하야나, 즉 대승불교가 발전하면서 자신들을 기존의
불교와 구분하려고 스스로 마하야나, 즉 큰 수레, 대승
大乘이라고 불렀습니다.

반면에 기존의 테라와다 불교는 히나야나Hinayana라고
불렀는데, 히나야나는 작은 수레, 즉 소승小乘이라는 뜻
입니다.

히나야나는, 큰 수레를 자칭하는 마하야나 불교가 자
신의 우월성을 강조하기 위해 기존의 테라와다에 붙
인 다른 이름입니다.

와즈라야나Vajrayana는 무엇인가요?

와즈라야나Vajrayana는 금강승金剛乘 또는 밀교密敎라고 옮겨집니다. 금강승은 6~7세기경 인도에서 힌두교와 불교가 대립할 때 생긴 변형된 불교 종파입니다.

붓다가 열반에 들고 시대가 변하자 일부는 힌두교의 다신숭배 사상을 받아들였습니다.

금강승은 11세기경 티베트를 중심으로 발전했습니다. 와즈라야나Vajrayana를 직역하면 다이아몬드의 길, 즉 금강金剛의 길입니다.

자기들의 사상을 정당화하고 방어하기 위해 '깰 수 없는 논리'라는 뜻의 이름을 사용한 것으로 보입니다.

와즈라야나는 붓다의 니까야가 아닌 '탄트라tantra'라고 부르는 경전에 근거하므로 탄트라야나Tantrayana라고 부르기도 합니다.

현재 와즈라야나는 몽고, 티베트, 라다크, 네팔, 부탄을 비롯해 인도에서 살고 있는 티베트인들 사이에 퍼져 있습니다.

조금 혼돈스럽습니다. 내가 불교 수행을 하고
싶으면 어떤 타입을 선택해야 될까요?

강에 비유하겠습니다. 강의 시작을 보고, 강의 하구를
보면 아주 다르게 보입니다.

그러나 원류에서부터 따라가 보면, 강은 언덕과 계곡
을 지나 폭포가 되기도 하고, 시내물이 모이고 모여서
개천이 되고 강이 되고 바다에 이릅니다.

이렇게 강물을 살펴보면 원류와 하류, 즉 시작과 끝의
모습이 다르지만 본질은 같다는 것을 이해하게 됩니다.

불교를 공부하고 싶으면 사성제와 팔정도 그리고 붓
다의 신화적이지 않은 사실적인 삶을 알아야 합니다.

이것은 중요합니다.

그러고 난 후에 시대에 따라 불교가 어떻게 변화해 왔
는지를 공부하고 그중에서 가장 마음에 와닿는 것부
터 시작하십시오.

그러면 불교가 새롭게 다가옵니다.

붓다의 가르침을 확신하게 되면, 붓다의 제자
가 되기 위해 어떻게 해야 하나요?

마음이 가는 좋은 절이나 불교 모임에 참가하여 도움
을 받는 것이 좋습니다.

그런 다음 마음의 준비가 되면 먼저 삼보三寶, 즉 붓다
와 붓다의 가르침, 승가에 귀의합니다. 그 뒤에 오계五
戒를 받고, 나는 붓다의 제자가 되겠다고 다짐하면 됩
니다.

CHAPTER 11
붓다의 말씀

마음이 모든 일의 근본이고, 마음이 그 주인이며, 마음에 의해 모든 행위가 이루어진다. 만약 어떤 사람이 깨끗한 마음으로 말하거나 행동하면, 즐거움이 그를 따른다. 마치 그림자가 그 주인을 따르듯.

《법구경》2

남의 허물을 찾기는 쉽지만 자신의 허물을 찾기는 어렵다. 남의 허물은 키질하여 겨를 거르듯 찾아내지만, 자신의 허물은 사냥꾼이 스스로를 숨기듯 숨기려 든다. 남의 허물을 찾아 비난하는 자에게 번뇌와 괴로움이 커진다. 그에게 번뇌의 소멸은 어려운 일이다.

《법구경》252-253

악한 일을 하지 말고, 선한 일을 힘껏 하며, 자신의 마음을 깨끗이 하라. 이것이 모든 부처님들의 가르침이다.

《법구경》183

말을 그럴듯하게 잘 하거나 용모가 번듯하더라도 시기심이 많고 인색하며 남을 잘 속이는 사람은 훌륭한 이가 아니다.

이런 시기심과 인색과 속임을 잘라버리고 뿌리째 뽑아 없앴으며, 번뇌에서 벗어난 현명한 사람을 훌륭한 이라고 한다.

《법구경》262-263

만족은 으뜸가는 재산이다.

《법구경》204

깊은 호수는 맑고 고요하듯이, 지혜로운 사람은 진리를 듣고 마음이 평화로워진다.

《법구경》82

재물을 잃는 것은 작은 일이지만, 잃는 것 가운데 가장 나쁜 것은 지혜를 잃는 것이다. 재물이 불어나는 것은 작은 일이지만, 불어나는 것 가운데 가장 좋은 것은 지혜가 불어나는 것이다.

《증지부》1.8〈선우 등의 품〉

경전을 아무리 많이 독송하더라도 이를 실천하지 않는 사람은 마치 남의 소만 세고 있는 소몰이꾼과 같아 성스러운 삶의 이익을 누리지 못한다.

《법구경》19

부처님의 가르침法, dhamma은 이를 실천하는 이를 보호한다. 마치 비가 올 때 큰 우산이 보호하는 것처럼.

《본생담》IV. 55

너그러운 마음으로 성냄을 이겨내고, 착한 일로 악함
을 이겨내고, 베풂으로 인색을 이겨내며, 진실로 거짓
을 이겨내라.

《법구경》 223

이것이 내게 무슨 영향을 끼치겠는가, 하며 작은 선행
을 가벼이 여기지 말라. 한 방울씩 떨어지는 물방울이
항아리를 채우듯, 지혜로운 이는 작은 선행을 쌓아 자
신을 선행으로 가득 채운다.

《법구경》 122

선한 일을 한 사람은 이 세상에서도 즐거워하고 다음
세상에서도 즐거워한다. 선한 일을 한 사람은 두 곳에
서 즐거워한다. 그는 자신의 선행을 떠올리며 기뻐하
고 즐거워한다.

《법구경》 16

모든 생명 있는 존재는 폭력을 두려워하고, 자신의 생명을 소중히 여긴다. 처지를 바꾸어 생각해보고, 다른 생명을 죽이거나 죽게 하지 말라.

《법구경》130

그는 나를 욕하고 나를 때렸다. 그는 나를 이겼고 내 것을 빼앗았다. 이런 생각을 품고 있으면 원한은 그치지 않는다.

그는 나를 욕하고 나를 때렸다. 그는 나를 이겼고 내 것을 빼앗았다. 이런 생각을 품지 않으면 원한은 사라진다. 원한은 원한으로 풀리지 않는다. 오직 원한을 버려야만 원한이 풀린다. 이것은 영원한 진리이다.

《법구경》3-5

옷차림이 아무리 화려하더라도, 그 마음이 고요하고 행동을 삼가며 계행을 지키고 살아 있는 존재를 해치지 않으면 그는 바라문이며 사문沙門이고 비구이다.

《법구경》142

"벗 사비타여, 믿음을 떠나서, 좋아함을 떠나서,

거듭 들어서 얻어진 지식을 떠나서,

그럴싸한 추리를 떠나서,

곰곰이 궁리해낸 견해이기에

그것에 대해 갖게 되는 편견을 떠나서,

나는 이것을 알고 이것을 본다.

'태어남에 의해서 늙음과 죽음이 있다'고."

《상응부》〈인연편〉 대품 제8경

"비구들이여, 여기에 한 비구가 눈으로 사물을 보고서
마음속에 탐욕 · 분노 · 어리석음이 있으면 '내 마음속
에 탐욕 · 분노 · 어리석음이 있구나.'라고 알고,
마음속에 탐욕 · 분노 · 어리석음이 없으면 '내 마음속
에 탐욕 · 분노 · 어리석음이 없구나.'라고 안다.

비구들이여, 이런 것들이 믿음을 통해, 좋아함을 통해,

거듭 들어서 얻어진 진리라 해서,

그럴싸한 추리를 통해,

곰곰이 궁리해낸 견해이기에

그것에 대해 갖게 되는 편견을 통해서,

경험되어야 할 것들이겠는가?"

"그렇지 않습니다. 존자시여!"

"그렇다면 비구들이여, 이런 것들은 지혜로써 보고 알

아야 될 것들이 아니겠는가?"

"그렇습니다. 존자시여!"

"비구들이여, 한 비구가 '나는 이제 더이상 다른 몸을

받지 않고, 청정한 삶(梵行)을 이루었으며,

해야 할 일을 마쳐서 또 다시 지금과 같은 상태는 없으

리라는 것을 잘 안다.'라고 깨달음을 선포하는 것 역시

믿음을 통해, 좋아함을 통해,

거듭 들어서 얻어진 지식이라 해서,

그럴싸한 추리를 통해,

곰곰이 궁리해낸 견해이기에

그것에 대해 갖게 되는 편견 때문에

그렇게 해서는 안되는 것이다."

《상응부》〈육처편〉 신고품 제8경

붓다의 생애

태어나고 늙고 병들어 죽고,
근심과 오욕에 물들 것임에도
그들로부터 헤어날 길을
찾지 않는 것은 무슨 까닭인가?

이제 이 윤회의 바퀴를 멈추고
불생, 불로, 불멸, 무사無死,
그리고 근심 없고 오염되지 않을
무상의 평온, 열반을 추구해야 되지 않겠는가?

그리하여 비구들이여,
나는 숯처럼 검은 머리, 쇠 같은 젊음, 생의 절정기에
통곡하는 부모님들을 떠나
머리와 수염을 깎고 가사를 걸쳤노라.
평온에 이를 최상의 길을 찾아 나섰노라.

　　《중부》26〈성스러운 참구 경(Ariyapariyesanā-sutta)〉

그때 나는 이런 비유를 생각했다.

물에 흠뻑 젖은 나무토막이 있다.

어떤 사람이 여기에 문질러 불을 일으키리라

생각하고 다른 나무토막 하나를 가지고 왔다.

그러나 이 사람이 불을 일으킬 수 있겠는가?

아니다. 왜 그런가?

물에 젖은 나무는 불을 일으킬 수 없다.

따라서 그 사람이 거둘 수 있는 것은

오직 피로와 실망일 뿐이다.

마찬가지로 수행자가 감각적인 쾌락을 버리지 못하고,

욕망과 집착, 열정, 갈애와 감각적인 쾌락을 향한

열병을 진정시키지 않는 한 그는 헛된 노고로

쥐어 틀리고 뚫는 듯한 고통을 느낄 뿐,

어떤 지식도 통찰력도 최상의 깨달음도

성취할 수 없는 것이다.

《중부》36 〈삿짜까 긴 경(Mahasaccaka-sutta)〉

사리뿟따, 내가 해골을 베고 묘지에 누워 있으면

목동들이 다가와 얼굴에 침을 뱉거나 오줌을 누고,

먼지를 뒤집어 씌우고

귓구멍에 나뭇가지를 꽂아 넣었소.

그러나 나는 그 아이들에게

어떤 악의도 품어본 적이 없소.

사리뿟따, 그것은 내가

평정 속에 머물었던 까닭이오.

　　　　《중부》12 〈사자후의 긴 경(Maha-sihanada-sutta)〉

그때 나는 쌀 한 톨로 생명을 부지했소.

이렇게 쌀 한 톨로 살아가는 동안

내 몸은 극도로 말라,

팔다리는 마치 매듭지어둔

마른 넝쿨과도 같았소.

엉덩이는 물소의 발굽,

마치 실에 뀈 염주 같은 척추에,

갈비뼈는 헐어진 지붕에 드러난 서까래와도 같았소.

안강 깊숙히 들어간 눈알은

깊은 우물 저 아래서 빛나는 물과 같았소.

내 머리는 마치 땡볕에 내놓은

설익은 박처럼 쭈구러들었소.

뱃가죽을 만지려 할 때 잡히는 것은 등뼈였고,

등뼈를 만지고자 하면 뱃가죽이 잡혔소.

배변하러 일어나다 그 자리에 꼬꾸라지고,

손으로 몸을 문지르면

뿌리채 삭은 털이 부스러져 떨어졌소.

　　　《중부》 12 〈사자후의 긴 경(Maha-sihanada-sutta)〉

그러나, 사리뿟따, 이런 혹심한 고행의 길로도

나는 인간의 노력으로 성취할 수 있다고 믿었던

수승한 법과 성스러운 지견을 이루지 못했소.

왜? 그러한 고행으로는

우리의 고뇌를 절멸할

지혜에 이를 수 없기 때문이오.

《중부》12 〈사자후의 긴 경(Maha-sihanada-sutta)〉

그때 나는 생각했소.

"과거, 현재, 미래의 어떤 고행자가 겪었고,

겪을 고통도 내 고행을 능가하지는 못하리라.

그러나 이런 극한의 고행으로도

인간의 노력으로 성취할 최상의 법과

수승한 지견과 지혜를 이루지 못했다.

깨달음을 위한 다른 길이 있지?"라고.

《중부》36 〈삿짜까 긴 경(Maha-saccaka-sutta)〉

내가 보낸 수없이 많은 생, 백, 천, 수만 생과

수겁劫의 생성과 소멸을 거슬러갔다.

거기 어떤 이름으로, 어떤 집안에서,

어떤 모습으로, 어떻게 살았으며,

어떤 기쁨과 슬픔을 겪고

얼마큼의 수명으로 그 생을 마쳤는가를 알았다.

이렇게 수많은 전생의 각기 다른 특성과
정황을 자세히 기억해냈다.
이것이 그 날밤 초저녁에 성취한 첫 번째 지혜였다.
이것은 곧 방일하지 않으며,
늘 깨어 자제하는 자가 필경 성취할 몫이라.
그러나 나는 그렇게 일어난 기쁨이
내 마음을 압도하게 하지 않았다.

《중부》36 〈삿짜까 긴 경(Maha-saccaka-sutta)〉

나는 청정하여 인간의 이해를 벗어난 천안天眼으로
중생들이 어떻게 사라지고 다시 오는지를 보았다.
각기 제 업에 따라 높게 혹은 낮게,
훌륭하게 혹은 미천하게,
좋게 혹은 비참하게 다시 태어나는 것을 보았다.

《중부》36 〈삿짜까 긴 경(Maha-saccaka-sutta)〉

나는 이렇게 완벽하게 집중된 마음을
번뇌 소멸의 지혜로 향하게 했다.

그리하여 "이것이 고의 근원이다."

"이것이 고의 소멸이다."

"이것이 고의 소멸로 이끄는 길이다." 라고 아는 지혜,

즉 세계를 있는 바 그대로 yathabhuta

보는 지혜를 성취하였다.

이 지혜를 성취함으로써 내 마음은

모든 감각적 욕망과 생멸, 무명으로부터

완전히 벗어났다.

"윤회는 끝났다.

청정한 수행은 완성되었다.

해야 될 일을 마쳤으며

더 이상의 생은 없다" 는 것을 알았다.

《중부》 36 〈삿짜까 긴 경(Maha-saccaka-sutta)〉

수많은 생 헤맸어라 찾지 못하고

집 짓는자 찾아

괴로운 생 다시 또다시

오! 집 짓는 자, 너 이제 보였나니

다시는 집 짓지 못하리라

서까래는 모두 꺾어지고

마룻대 또한 부러져

갈애를 부수고 마음은 열반에 이르렀다

《법구경》153-154

스님, 불교가 궁금해요
Good Question Good Answer

2020년 8월 7일 1판 1쇄 인쇄
2020년 8월 7일 1판 1쇄 펴냄

지은이 담미카(S. Dhammika) 스님
옮긴이 위무띠 법주 스님
펴낸이 김철종
인쇄제작 정민문화사

펴낸곳 (주)한언
출판등록 1983년 9월 30일 제1 - 128호
주소 03146 서울시 종로구 삼일대로 453(경운동) 2층
전화번호 02)701 - 6911   **팩스번호** 02)701 - 4449
전자우편 haneon@haneon.com

ISBN 978-89-5596-898-9 (03220)

이 도서의 국립중앙도서관 출판예정도서목록(CIP)은 서지정보유통지원시스템
홈페이지(http://seoji.nl.go.kr)와 국가자료공동목록시스템(http://www.nl.go.kr/kolisnet)에서
이용하실 수 있습니다.(CIP제어번호: CIP2020030610)